新潮文庫

養老孟司特別講義

手入れという思想

養老孟司著

新潮社版

9810

目次

子どもと現代社会　9

子どもについての最近の統計で一番驚いたのは、テレビを一日何時間見ているかというもので、平均で五時間半でした。テレビ世代と私の世代はどこが違うのか……

子育ての自転車操業　41

私が教養で最初にする講義は、知るということ、知るとは何かということです。今の若い人は、「自己」と「知ること」が別になっていることに気がついたからです……

心とからだ　69

西行の『山家集』から、「心」と「からだ」の言葉が入った歌を拾い出す作業をしたことがあります。当時の人々が心という言葉をどう使っていたかを知るためです……

現代の学生を解剖する　113

知るということは、自分が変わることです。それ以前の自分が部分的にせよ死んで生まれ変わる。「朝に道を聞かば夕に死すとも可なり」は、そのことを言っているのだと思います……

脳と表現　143
いま皆さんがお喋りしているのが表現です。表現では女性が有利で、一対一になりますと絶対に私はかなわない。言い負けてしまう。「言葉」は典型的な表現です……
手入れ文化と日本　197
戦後の日本というのは、イデオロギーなしに急速に都市化が進んだ最初の社会ではないかという気がします。全国どこに行っても町がないところがない……
現代と共同体――田舎と都会　263
解剖の主任教授をしているときに、解剖体慰霊祭の問題が起きました。東大では谷中の天王寺で明治以来やっていますが、「問題だ」という投書がきたのです……
日常生活の中の死の意味　279
日常に死が失われたということは、ある意味ではとても良い社会です。しかし裏返すと、その社会を作っている人間の理解力が減ってくることも意味します……
あとがき　299
初出一覧　303

本文イラスト　小林路子

養老孟司特別講義
手入れという思想

子どもと現代社会

東京・アルカディア市ヶ谷

1999.9

今回は「子どもと現代社会」という題をつけさせていただきました。私が子どもだったのはだいぶ前のことでして、だいたいもう忘れています。でも、今のお子さんを見ていると、私の頃とはずいぶん違うなと思います。まずは、その話から始めましょう。

子どもについての最近の統計で一番驚いたのは、今の子どもたちがテレビを何時間見るかという調査結果です。そういう調査は実はたくさんあるんです。NHKなんかでもやっていますし、ほかにもいろんな、そういう関係のところで調べています。もちろん私はそういう数字そのものを、基本的には信用しておりません。なぜなら、子どもがどのぐらいの時間テレビを見ているかって、親が、ストップウォッチ片手で計っているはずがないからです。それを平均して二時間三二分とかいったって、そんなものは信用が置けません。

ただ、その調査が一般的に言っている数字はどのぐらいかというと、一番多いのは、一日平均で五時間半です。少なくて二時間。ですから、少なくとも数時間は見ている。毎日数時間、子どもがテレビを見ているということは、今では別に異常なことではないということになります。

しかし、私が子どもだった頃にはテレビはなかったわけで、私が生まれて初めてテレビというのを見たのは小学校の五年生か六年生のときです。昭和二〇年代に、横浜の野毛山《のげやま》に行きまして、小さな博覧会みたいなのをやっていたのですが、そこにテレビが出ていたんです。受像機がありまして、隣の部屋が映っている。隣の部屋へ行くと、テレビカメラが置いてある。なんだ「テレビってつまんないもんだな」と思いました。窓を開ければ、隣なんて見えるじゃないか、と。

それが、あっという間にテレビ放送が始まって、現在のテレビに変わってきた。それを子どもが二時間から五時間半見る。

私とそういう子どもたち、つまりテレビ世代の人たちとどこが違うか。それに最初に気がついたのは、東大をやめて、北里大へ行ってからです。北里大学の一般教育で、最初に四〇〇人ぐらいの授業に行って、実は仰天した。ものすごくおしゃべりが多い。

五、六人かたまっておしゃべりしている。女の子ならともかく、男の子もそうです。男の子が井戸端会議をやるんです、教室の中で。それがまず一つ。

それからもっと驚いたのは、授業中だろうが何だろうが、教室を自由自在に出入りしています。それも、堂々と胸を張って、靴音高く歩いている。さらによく観察してみますと、後ろのほうには紅茶の缶を机の上に置いているやつもいる。

非常に気になりますので、怒ろうかなと思うんですが、すぐわかったんです。怒っちゃいけない。なぜ怒っちゃいけないか。やっているほうが、何とも思わないでやっているというのがわかるからです。何とも思っていないやつを怒ったって、こっちが嫌がられるに決まっていますから、これは怒らない。

それじゃ何でこういうことをするんだろうかと。そんなこと、すぐわかりました。なぜかというと、うちの子どもがやっていることを見ればわかる。これはもう、テレビの前でやっていることと同じです。立ったり、座ったり、出たり入ったり、食べたり飲んだり、おしゃべりしたり。テレビはテレビで勝手にやっています。「ああ、なるほどな。あいつら、おれのことテレビだと思っているんだな」。チャンネルは一個しかないし、コマーシャルは入らないし、おもしろくない。チャンネルを変えるわけにいかないから、そうすると勝手なことをするんです。

テレビの前でやっていることと同じことをやっているから、いきなり私がテレビの中から出てきて、「おまえ、聞いてる態度が悪い」とか言って怒ったら、だめだということはわかっているんです。今までそういう経験は絶対ないはずで、さんまとかタモリがいきなりテレビから飛び出してきて、「おまえ、聞いている態度が悪い」と怒ることはありえない。これは怒るほうが無理なんです。
それじゃどうすればいいか。次の年の授業で、私は最初の時間にこの話をすることに決めました。「俺はテレビだからな」と。それを言いましたら、それからはやっぱり相当静かになりました。「俺はテレビだ」と言うと、私はひょっとするとテレビではなく生きている人間かもしれないと思うようになる。うっかりすると、キレて、ナイフで刺されるかもしれない。そういうことが若い人にもわかるわけで、そうすると少し静かになるんですね。

確かに私たちは全然テレビなしで育ったけれども、今の子どもは二時間から五時間半、テレビ漬けで育っている。ということは、絶対何か違うはずです。それですぐに思い当たるのは、団塊の世代の次の世代がシラケ世代と言われたことです。シラケてるというのは、ほかの人が一所懸命なにかやっていても、私は知らないよと、よそを向いていることです。これができるというのは、実ははたと気がついたんですけれども、テレビ世代の特徴じゃなかろうかと。

なぜか。それは、子どもにとってのテレビというのをお考えいただいたら、すぐわかると思います。テレビの中で起こっていることというのは、子どもにしてみれば、大人でもそうですけれども、現実の世界とほとんど変わりません。中で起こっている会話も、テレビ語という特別な言葉を使っているわけではなくて、普通の日本語です。それが家庭にありますから、テレビの世界というのは、子どもにとっては普通の世界の延長です。

ここが確実に違うところなんです。それは、さっき言いましたように、テレビの中から誰かが出てきて、態度が悪いと言って怒ることはないということです。テレビの中で夫婦げんかがあって皿や茶碗《ちゃわん》が飛んでも、自分のところには飛んでこない。それから、テレビの中で主人公がガケから落ちそうなので、「落っこちそうだよ、危ないよ」と声をかけても、相手は聞いていない。

つまり、テレビの中の世界は自分とまったく関係なく進行する。子どもの働きかけに対して、一切答えないということです。自分の筋書きどおりに勝手に事件を起こすということです。テレビのほうから子どもに働きかけてくることはありません。子どもにとってそういう世界が、一日二時間から五時間あるということなんです。

そうしたら、私の世界と違ってくるのは当たり前です。だからまず最初にあらわれたのがシラケなんです。どういうことかというと、そういう人たちが二〇代になったときに、世の中で起こっていることに対して、あれはテレビの世界ですよと、簡単に自分に言い聞かせることができたわけです。つまり、直接関係ないよという態度をとるのが、その人たちにとって非常に楽なんです。だって、テレビで慣れているんですから。現実の世界をあたかもテレビの世界として、いわば「譬《たと》え」として見ることが非常に上手な世代だということです。だから、それがシラケになったんだろうと思うわけです。

そうした世代の学生の一番気になった言い方の一つ。「いいんじゃないんですか」とすぐ言う。その人はそういうふうにしているんだから、勝手にやらせておいたらいいでしょう、ということです。勝手にやらせたらいいでしょうということは、それは結局、その人がそういうことをするということは私とは関係ないよということ。テレビの中でそういうことが起こっていたって、現実とは関係ないんだよ、と。そういうことが簡単に言える世代が育ってきたような気がするんです。

若い方は気がつかないと思いますけれども、今の若い人は、僕から見ると自己が強いんです。自己が強いということは、「私は」というのが強いんです。だけど、「私は」という考えが強いことと、私が豊かだとか、私の中身がたくさんあるということとは無関係です。

「自分」が非常に強いために、(このお昼に何を食べたか知りませんけれども、)ラーメンを食べようか、カレーライス食べようかと悩んでいるのは自分じゃないという感覚があるのではないかと思う。「自分」とは、もっと高級なもの、遠くにあるものだと思っている。現実の生活をしているこの自分というのは、ひょっとすると自分のほんの一部。つまりラーメンを食べている自分と、「自分とは」と考えている自分、この間の乖離《かいり》が大きいのは、どこの時代、どこの世界でも、若い人の特徴です。しかし、特に今これが強いような気がするんです。

何で自分が二つに離れてしまうのかというと、講義をしている私をテレビとして見るように、現実の自分をテレビとして見ることができるからだろうと思うんです。今の若者は自分をテレビの中の人物のように見ることができる。女の子だって最近、部屋の中がめちゃくちゃ汚いことがある。部屋の中というのはまさにその人の日常なんですけれども、恐らくその日常が自分じゃないと思っている。外へ出たら友達とか、恋人とか、男の子にもっといい顔をしているはずです。そうすると、そっちが自分で、部屋の中をぐちゃぐちゃにしたのは自分じゃない。つまり、自由に自分のある部分を切り離しているんです。

そういうことがどうして平気でできるかというと、一番基本的には、テレビ慣れしているからだと思います。テレビの中はほとんど現実そっくりですから、皆さんの世界もテレビと区別がつかなくなってくる。我々が見ている現実というのは、結局、脳が決めているんですから、その脳が半分テレビ漬けになっていれば、世界がテレビに見えます。テレビに見えるということは、テレビの基本的な性質がそこにあらわれてくるということです。さっき言いましたけれども、たとえばテレビの中の夫婦げんかでは、自分のほうに向かって皿は飛んでこないんです。

テレビのせいだと言うのは簡単ですけれども、もうテレビを否定できません。なくすわけにいかない。一日に二時間から五時間、子どもたちはテレビを見ているのですから、子どもとはそういうものだというところから話を始めなければ、どうしようもないんです。いくら年寄りが「おれはそうじゃない」と言ったって、「あんたのときはテレビがないんだから」と言われて、それでおしまいですよ。ですから、そんなこと言ったってしようがないので、子どもとはそういうものだという前提に変えるしかない。

そうすると、いったいテレビってどうしてできてきたんだろうとか、情報化ってどうして起こるんだろうとか、そういう根本的な話になってくる。そこでちょっと情報の話をしたいと思います。

現代社会は情報社会です。ところが私は、情報に関して非常に大きな誤解があるような気がしてしようがないんです。どういうことか。皆さんがお考えの情報というのは、毎日、毎日、新しくなって、次々送られてきて、したがって、あちこちフラフラ飛んでいるものだということでしょう。そして、それに対して、その情報が飛び交っているのは、確固とした人間の間である。人間というカチッとしたものがあって、その間を情報が飛んでいる。そういうイメージじゃないでしょうか。

私はそう思っていないということをまず言いたいんです。どういうことかというと、話が逆だということです。皆さんはモヤモヤとした、訳のわからない、スポンジか、海綿か、ナメクジみたいなもの。それに対して情報とは何かというと、カチンカチンに固まった正確な形を持ったものだと、そういうことです。皆さんは絶対にそう思っておられないと思いますが。

たとえば、情報とは何か。基本的に、私が今お話ししている言葉がそうです。もし、皆さんがそれを受け取ってくださっていたら、それは情報です。そうしたら、言葉って何か。ここで、止まっているものです。ところが、言葉が止まっているというふうに思っている人は、ほとんど一人もいない。

この間、そのことを見事に証明する事件がありました。クレームが癖になっているお客さんが、東芝に製品について電話でクレームをつけた。その人がクレームをつけてくるのは東芝はもうわかり切っているので、その電話をたらい回しした。そして最後に出てきた社員が、そのお客さんに暴言を吐いた。そのやりとりをインターネットでお客のほうが公開したという事件です。

どうしてそういうことができたかというと、そのお客さん、電話の応対を全部テープレコーダーに記録していた。東芝はテープレコーダーを作っているんですけれども、自分のところで作っているのに、言葉はいったん外へ出たら残ってしまうということを、本当には信じていなかったことがわかります。しかし、言葉というのは、いったん出したら引っ込められないんです。

実は記録する手段さえあれば、すべての情報、皆さんのすべてのおしゃべりは、完全に停止しているということに気づかれるはずです。停止しているというのは、記録にとってしまうと二度と変化しないということです。

そんなことは当たり前なんですね。NHKのニュースをビデオテープにとって五〇年後に見てください。五〇年先だったら皆さん生きておられるでしょう、まだ若いから。きょうと同じニュースですよ。つまりニュースは止まっているんです。そう思っていませんでしょう。だけど、すべての情報は止まっているところに特徴があるんです。

人間のほうはどうか。それを理解するための一番いい方法は、ビデオ映画を見ていただくことです。たとえば同じビデオ映画を、二日間で一〇回見るんです。その実験は日当一万円でやっていただきます。一種類の映画を二日間にわたって、一日五回、続けて一〇回見てください。そういう実験をやったら、皆さんおわかりになるはずです。

映画が流れている間じゅう、画面はどんどん変わって、音楽が入って云々《うんぬん》ですから、「あれは動いているよ」とお考えになるかもしれません。それじゃ、一回目にそれを見終わって感想を伺《うかが》うと、どうこうという感想をいろいろいただけると思います。それで二度目を見ていただく。

二度目を見ると、最初見たときは途中でトイレへ行ったとか、お茶を飲んだ、おしゃべりした、お客が来た、電話が来たとかで見落としているところがいろいろありますね。それを継ぎ足して見る。三回目になるとだんだん専門家に近づいておりまして、自分が監督になっているつもりで、あそこはこうしたらいいとか、ここはああしたらいいとか言い出します。

ところが、四回目になると、こんな映画作りやがってと。五回目になるとそろそろ退屈して、もうあそこは見たくない、とか言って、ビデオの早回し。六回目とか七回目になると、もうとてもそんなものを見てる暇はない。嫌だ。恐らく七回ぐらいになると、皆さん、私に金を返すから、この実験には参加しない、やめたと言うんじゃないかと思います。

これでもうおわかりだと思いますが、その一回から七回目まで、映画はまったく同じです。寸分違わない。違ったのは何か。皆さんです。つまり、人間は二度と同じ状態をとらない。こんなことは当たり前です。脳も二度と同じ状態をとりませんが、人は二度と同じ状態をとりません。

私は自分の個人のアルバムの最初に、お宮参りのときの赤ん坊の写真を貼《は》っているんです。その写真はもちろん、私が撮ったわけじゃありません、生後五〇日ですから。

昔からこれは私だと言われているんです。でも私は信じていない。よその赤ん坊の写真じゃないかと思っているんですけれども、「あんただ」と母親がずっと言ってきた。その赤ん坊が、今や六〇を過ぎた白髪のじじい。それじゃ、ある日突然そう変わったのかといったら、絶対そんなことはないので、この六〇年間、一年三六五日の間、ずっと少しずつ変わってきたんです。それで、とうとうこうなっちゃった。それが人間なんです。

だから、情報と現実の人間、テレビと人間の根本的な違いは何かというと、テレビも情報もいっさい動かないけれども、人間は二度と同じ状態をとらないくらいに動くということです。特に子どもはそうです。どんどん変わっていきます。日ごとに成長します。

小児科の医者なんか大変ですよ。徹夜で看病をしなければ死んでしまう。子どもの病気はアシが早いですから。だからときには徹夜でやらなければならない。

大人も子どもと同じです。実は大人はその過程がゆっくりしているだけです。ですから、成人したら人はもう変わらないと思っていますが、そんなのはうそです。日一日、人間は変わっていく。それに対してすべての情報は、いったん情報化した瞬間から止まって動きません。一〇〇年たっても、きょうのNHKニュースは同じニュースです。それが情報です。

だけど、人間がそうやって毎日、毎日変わりますよということに対して、皆さん、日常的にはそう思っておられないでしょう。今日は昨日の続きで、明日は今日の続きだって思っているに違いない。それが現代社会です。そういう感覚がどんどん強くなってくるのが、いわゆる近代社会なんです。どうしてそうなるのか。それは、徹底的に人間が作ったもので世界を埋め尽くしているからです。人間が作ったものというのは、作った瞬間に止まっちゃうんです。

そういうものが我々の周りにたくさん出てくる。テレビなんか典型的にそうで、あれは動いているという錯覚を与える。ですが、あれは作られたわけですから、放映されればもう固定してしまう。見ているほうの皆さんは、見るたびに変わっている。それでは、見るたびに「自分は変わっていっている」という実感を皆さんがお持ちかどうか、ということです。「自分が変わっていくという実感」を別の言葉で言い換えると、「生きている実感」というんです。自分が変わっていく実感を、日常生活で皆さんお持ちかというと、たぶんないんじゃないかなと思います。

なぜ自分が変わるという実感を持たないか。嫌なんでしょうね。どうして嫌なのか。

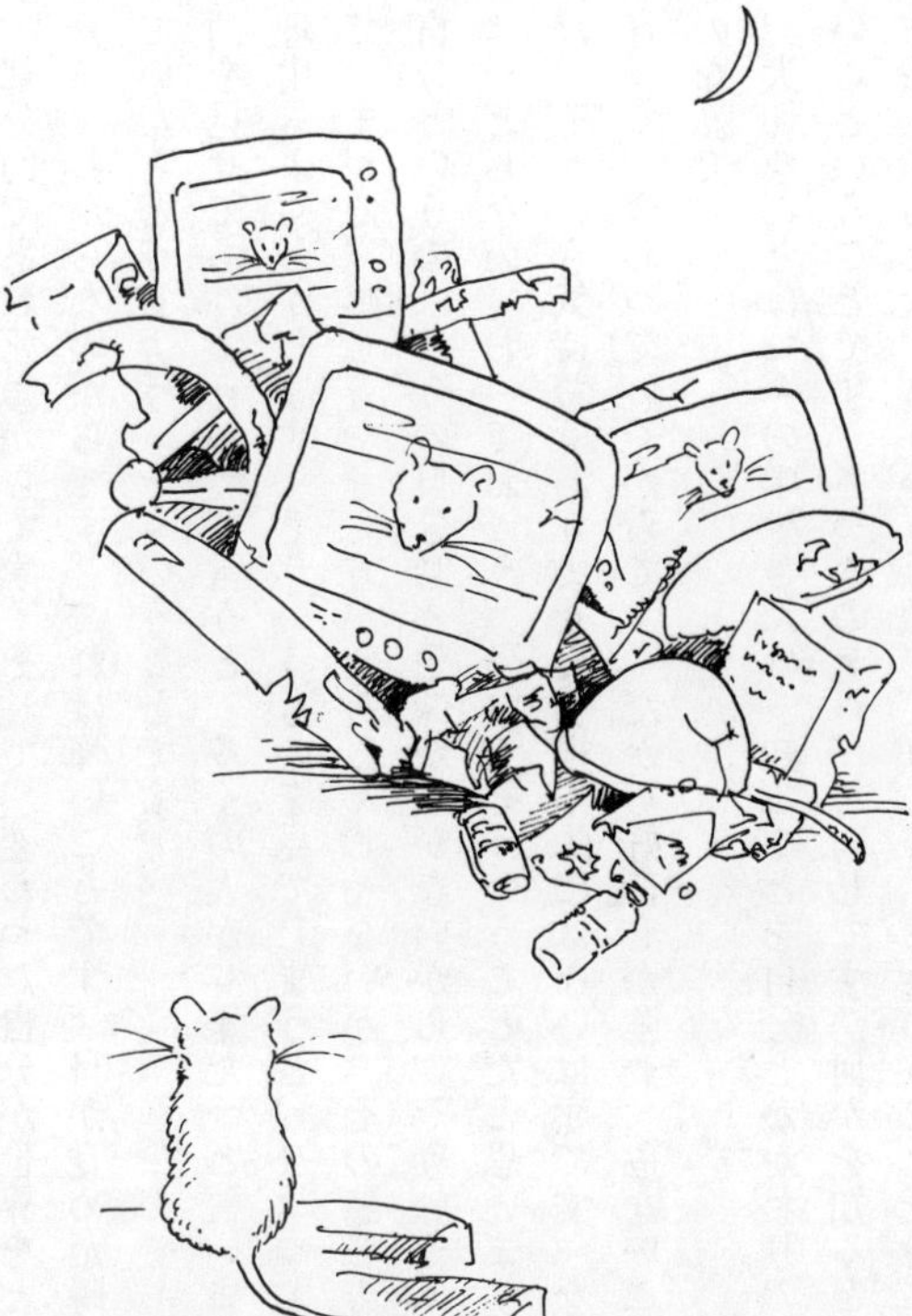

自分が変わることが嫌なのです。自分が変わるのがなぜ嫌か。それは当然嫌です。現在の自分が、部分的であれ死ぬからです。そして、変わった自分が世界をどう見るかは、今の自分じゃわからないからです。これは怖いことです。目が覚めた瞬間、崖《がけ》っぷちに立っていたらどうしよう、そういうことです。

僕が「解剖を見せてあげようか」と言うと、多くの人が「嫌だ」と言います。なぜ嫌かという理由もよくわかります。そういうものを見てしまうと、ひょっとすると自分が変わってしまって、感じ方や考え方が変わるんじゃないか。その感じ方や考え方が変わった自分というのは、今の自分じゃ想像がつかないから、そういうふうな危険なことはちょっとしないでおいておこう。恐らくそういうことだと思います。

子どもには、そういう気持ちはありません。根本的にはないはずです。なぜなら子どもは日々育って、変わっていくからです。だから好奇心が強い。危ないことをする。そういうものなんです。

もう一つ、大切なことは、今の学生さんは、知ることを自分とかかわりのないことだと思っているということです。さっきのテレビと同じです。何かを知るということは、料理の方法を知るとか、どういう手順でどうこうするということを身につけることだと思っている。ですから知るというのは、そういう意味では技法、ノウハウです。

それじゃ、知識そのものはどこにあるかといったら、インターネットで引けば出てくる、本の中に入っている、先輩の頭の中におさまっている、CD―ROMに入っているそういうものです。それを引いてくればいい。それが知識。知ることとはつまりそういうことを知ることである。ひょっとすると皆さん、それで何が悪いかと思っているかもしれない。

そうじゃないのです。知ることというのは、それとは全然違う。北里の学生に私は一時間目にテレビの話をして、その後にこう言います。「君らは大学へ入ったんだから、知ることというのを考えなさい」。

典型的な例として、私は、学生に癌《がん》の告知について考えてもらうことにしています。若い連中ですから、実感はまったくないと思いますけれども、現実にそういう人がいるわけですから、「君らだって、医者にいつ、癌だって言われるかわからないよ」と。今、二〇歳ぐらいのその年で、「君、癌だ」って言われて、「あと三カ月、ないし六カ月しかもたない」と言われたらどう思うか。

ちょうど春でサクラが咲いています。本当に癌だと言われて、自分がそうだと納得した瞬間に、サクラがどう見えるか。今まで見ていたサクラと違って見えるはずです。

なぜなら、このサクラはもう来年はない。それじゃ、そうなった段階で、去年まで自分はどうやってサクラを見ていたか、どういう気分でサクラを見ていたか、思い出せるか。これは思い出せません。

自分のことになれば、少しはわかるでしょうと言いたかったんです。自分が癌で、あと半年しか命がないと思えば、人は変わります。癌の告知の一番大きな問題点は、実はそこなんです。だから、癌の告知の是非なんて、私はいっさい議論しない。なぜ議論しないかというと、そんなことを議論したって、告知される前と告知された後で自分がどう変わるかなんて、誰も予言できない。だけど人が変わってしまうことは確かで、そういうふうに医者は他人を変える権利があるのかということを考えるのが、本当の告知問題です。

しかし、告知の問題でそんな議論がされたことはない。だから、解剖を見せてやろうかとさっき言ったのと同じで、喜んで本人が見たいと言うなら見せますが、私は無理に見せるということは絶対しない。それは、それによって人が変わるかもしれないからで、私にその人を変える権利があるかというと、そんなことはない。良いほうに変わるか、悪いほうに変わるか、そんなことはわかりません。

癌の告知もまったく同じです。告知したほうが良いとか、悪いとか言いますけれども、医者は告知したほうが便利に決まっているから告知するのであって、それは何も、告知する権利とか、知る権利がどうとかということに、実は私は関係がないと思います。

誰だって、自分のこととして考えればよくわかるはずで、いきなり「あんた、癌だよ」と言われていいかどうか。「ちょっと待ってくれ」と言いたくなるのは当然で、せめて一月待って言ってほしかったとか。実際は、そういう気持ちを考慮してゆるゆると告知する、だんだんとわかるようにするというのがふつうのやり方です。

そんなこと当たり前のはずです。けれども問題は、まず第一に、知ることを危険なことだと親御さんが思っていないということです。だから子どもに「勉強しなさい」と言う。本当の意味で知ることが勉強することであれば、子どもに平気で「勉強しなさい」とは言えなくなるんです。江戸の人はそれをよく知っていたから、何と言ったか。「百姓に学問は要らない。町人に学問は要らない」。

戦後の教え方では、それは封建的なことだからというけれども、まったくそれとは違うんです。世の中がある意味で安定していて、ふつうは親の職業を継いできちっとやっていかなきゃいけない、厳しい当時の世の中です。食うや食わずですからね。その頃は、石油があるわけじゃない。人力と自然の植物生産をエネルギーとして、それに頼る生活ですから、そんなに乱暴なことや贅沢《ぜいたく》はできません。そういうときに、うっかり学問して考え方が変わっちゃったらどうなるか。毎日過酷な肉体労働をやっているわけで、そういうことをやらなくなるんじゃないかという心配をするわけです。それじゃ生きていくのに本人が困るかもしれないから、よほどの覚悟がなきゃ、「百姓は勉強するもんじゃない」と。

それを今の時代になったら平気で「勉強しろ」と言うことは、知ることはいっさい危険じゃないと思っているわけです。危険じゃないと思っているということは、つまり、オウムの学生さんと同じだということです、はっきり言えば。自分を変えない程度の知識を学校で身につけろと言っているんですから。それじゃ、こっちも教師をやっていておもしろいわけがない。

私は東大出版会の理事長を、東大をやめる前に四年間やっていたんですけれども、その四年間に出た本は、奥付を見ると私の名前になっている。その本の中で一番売れた本というのがあるんですよ。東大の教養学部の教科書です。その教科書のタイトルが『知の技法』です。これ三〇万部売れた。何でこの本がこんなに売れるか。そう思ったのが、やっと今わかるんです。まさに知は技法、ノウハウになったんです。

私たちが教わった先生方が、暗黙のうちに教えていた「知」とは、技法とは違う「知」です。古いことを言うようですが、論語に書いてある「朝《あした》に道を聞かば、夕《ゆうべ》に死すとも可なり」ということです。「道を聞かば」という表現は、学問することを意味します。それを「道を聞く」という。

もし本当に「あなたは、癌だよ」と言われたら、自分が変わってしまう。そういう体験を繰り返していけば、しょっちゅう自分が死んで生まれ変わることになります。それなら夕方、改めて本当に死んだとしても、驚くことはないだろうと、そういう意味だろうと私は思うんです。自分が変わっていくという経験を繰り返し積み重ねていっている以上は、本当に死んだって何も怖がることはないだろう。それを怖がっているのは、一度も自分が変わったことがない人だということになる。本気で変わったことがない、大きく変わったことがない。

その根本にあるものは何か。それを私は、都市化、情報化だと言うんです。どうも人間というのは、固まったもの、固定したもの、安定したものを非常に欲しがる。文明社会になると、何だか知らないけれども、カチンカチンに固まったものを好むようになります。

これは、何も日本に限らない。人間の歴史を考えてみたら、よくわかるんです。今東京で、大英博物館のエジプトのミイラ展をやっていますが、私がエジプトで好きなものの一つがピラミッドです。若いときから不思議でしようがない。非常に魅力がある。何で魅力があるか。何て言ったってこれは形が安定しています。どれくらい安定しているかって、石であんなでかいものを造って、五〇〇〇年もっている。しかも四つの角が東西南北を正確に向いているんです。

それだけではないということも教わりました。初めから細いトンネルが掘ってあるんです。トンネルの行き先、一番奥に水盤がある。水をためてある。トンネルをずっと延長した空に星がある。つまり北極星が水盤に映るようになっているんです。今は北極星は映りません。なぜかというと、五〇〇〇年もたつと、地球の自転軸はズレてしまうんです。だから五〇〇〇年前に戻して計算してみると、五〇〇〇年前の北極星がここに映っている。

何でこんなに方位にこだわったか。方角って、時間とともに変わらないものの典型なんです。京都の住所でおわかりでしょう。「東入ル」とか。あれ、きのうまでは東できょうからは西に入りますなんていうんじゃない。東西南北というのはまったく変わらないものです。その変わらないものにきちっと合わせて、こういう変わらない形を作った。これは、情報と同じです。

「変わらない」ということを、昔のエジプト人は執拗《しつよう》に追求しました。何の意味もない。実用価値もない。観光価値だけです。それも五〇〇〇年たったからお金がとれるんであって、五〇〇〇年待たないと、なかなか、こんな石を積んだだけのもので金はとれない。今積んだって、誰も笑うだけ。

この人たちがさらに何をしたかというと、ミイラを作ったんですね。人間って死ぬと腐ってなくなる。日本の中世ですと、それを絵に描きます。そしてその絵をお寺に飾る。若い女性が腐っていって、最後に白骨になってばらばらになる。これが『九相詩絵巻』です。人は死ぬまでに九つの姿を経《へ》るということです。それが中世日本の常識だったのですが、江戸になるとこんな絵は見なくなって、今では皆さん、こんなのがあるということすら知らない人がたくさんいる。

エジプト人もそういうのを嫌がった。だから、死んだらどうしたか。徹底的に固めました。固定した。変わらないようにした。別な言い方をすると、情報処理したんです。ミイラを見るとつくづく思います。あれは典型的な止まって動かないものです。都会の人がいかにこういうものを必要とするか。止まって動かないものがどうしても欲しいのです。

止まって動かないものを造った人たちは、ほかにもいくらでもいます。たとえば、初めて中国を統一した、秦の始皇帝《しこうてい》。月から見える唯一《ゆいいつ》の人工物という万里の長城を造りました。始皇帝の死後も建設が続いたという阿房宮《あぼうきゅう》はなくなってしまいましたが、やはり有名な建築物です。とにかく秦は土建国家でした。その意味では、エジプトも土建国家です。さらにすごい土建国家がローマです。

「すべての道はローマに通じる」というと、道路の便利さだけを強調しているように皆さんお考えみたいですけれども、道路というのは、ものすごい土建なんですね。当時、アスファルトもコンクリートもありませんから、全部敷石を張る。ともかくローマの道路は立派です。それからもう一つ、水道です。あれもすごい。あれはほとんど、今の高速道路ですね、結局。

ローマの水道というのは、いわば高速道路の上を川にしている。山からずっと水を引いているわけです。こんなものを紀元前に造っている。あんなものをアフリカに造ったから、アフリカの人はびっくり仰天して、ローマ人は偉いと。そんな国と戦争なんかしませんということにもなるんですね。現代でも都市化してきますと、固定したものが増えていきます。日本もご存知のように現代は土建国家ですから、やたらにビルが多いわけです。固定したものとしての情報は必ずしも建造物やミイラだけではありません。まったく別の形で情報を作る場合がもう一つあるんです。

エジプトが土建国家であると言いましたが、そのエジプトから出ていった人たちがいるわけです。旧約聖書に書いてあります。モーゼの「出エジプト」というのは、私はそのもう一つの場合だと思います。

それじゃ、イスラエルの人たちは何も持っていなかったか。彼らはエジプトから出ていっているんですから、恐らく土建型のそういう文明は嫌いなんです。では、彼らの持っていたものは何か。それが聖書だと思います。

聖書というのは、天地創造から始まって、最後の審判までが一冊の書物の中に完全に詰まっている。このくらいカチカチに固定したものも、またない。しかも、ピラミッドに比べると、これは安くつく。本一冊です。キリスト教になると二冊になります。新約聖書がある。ともかく、本の中にすべての歴史を閉じ込めてしまうということで、ピラミッドに非常によく似ていると私は思います。

このように、文明というのは、土建か本か、どちらかの「固定したもの」を持っています。イスラムがそうで、コーランを持っています。ユダヤ教も、キリスト教もそうです。その土建国家で書物を嫌がった人が秦の始皇帝です。始皇帝がやったことで、万里の長城のほかにもう一つ有名なのは、焚書坑儒《ふんしょこうじゅ》。書物を焼いて、学者は穴埋めにしたと言います。まさにモーゼの逆です。

なぜだかわかりませんが、人間って固まったものを欲しがります。文明というのは要するに、そうやって十重《とえ》二十重《はたえ》にものごとを固めていくことなんですね。

ここで、やっと子どもの話になるんですけれども、子どもって、そういう世界で幸せになるんでしょうか。カチンカチンに固まった世界で、私は一番不幸せなのは、たぶん子どもだろうと思います。

私の趣味の昆虫採集の話ですけれど、昆虫採集をいつからやっているのか、とよく聞かれるんです。実は私は、すでに小学校四年生の頃から、昆虫採集をまじめにやっていました。

私は三〇代から四〇代、五〇代の前半までは虫をとっていなかったんです。仏心《ほとけごころ》でだんだんかわいそうになりまして、殺生《せっしょう》だと。だけど世の中の移り変わり、自然の移り変わりを見ていて、だんだん頭に来て、私がいくら虫とりを遠慮したって、どうせ徹底的にいなくなっちゃうんだから、おれがとったって関係ない、と思うようになりました。

もう最近はやけくそでどんどんとっている。「何が自然保護だ。ふざけんな」って。どうせ私がとらなくたって、いなくなるんだから。ほんとうは、とったっていなくならないのが当たり前の話なんですけど。

話を戻しますと、そういう、言ってみれば死んだ世界に子どもを閉じ込めていっているということを、私は実は心配しているんです。情報過多ということは、人が生きている実感がなくなって、データだけが増えてくるということです。

私は医学部ですけれども、医学部あたりは、もう現在は完全なデータ主義です。ですから、皆さん、病院に行くと何をされるか。お年寄りがよく文句を言うんですけれども、「先生、手もさわってくれなかった」と言うんですね。それじゃ何をしているのかというと、もっぱら検査をする。

私はよく医者を紹介するものですから、紹介した患者さん、お年寄りなんかによく言われます。何て言われるか。「先生、お願いですから、病院の先生に言ってください。もう、検査はやめて」。

実際、私もそういう体験をしております。私は滅多に病院には行かないんですけれども、五、六年前に一度、東大病院に検査に行ったことがあります。医者が何て言ったか。ただひとこと「一週間たったら、検査の結果が出ますから、また来てください」。これでおしまい。何にもしないんです。

それで一週間たって行きました。そうしたら医者が私の顔をちらっと見て本人だと確認して、あとは何をしているか。紙を見ている。横文字と数字がいっぱい書いてある紙です。これが検査の結果です。医者はこれをじっと見ている。

それで私は、はたと気がつきました。私は解剖ですから、死んだ人をじかに見つめる。医者は何をしているか。紙を見ている。そこで何に気がついたか。「ああ、あの紙がおれの体だ」。これは物理化学的なデータです。現代医学の中の身体《からだ》は、物理化学的な測定値、データです。今のお医者さんは、データの取り扱いは非常に上手になりました。だから、お年寄りが「手もさわってくれなかった」というんです。

私のそのときの、六年だか七年前のデータは、東大病院に残っています。こんなもの、使えません。だって、今はもう私は肺癌《はいがん》になっているかもしれないし、肝癌もあるかもしれない。でも当時は何でもないと。データというのはそういうものです。その都度、その都度のデータですから。これ、金かかるんですよ、毎回やるのは。では何でそんなに毎回検査するか。当たり前なんです。いつだって、一つのデータができ上がった段階では、それはもう過去のものになっているからです。過去に生きている人がデータ主義。官庁が典型的にそうです。データ集めをして、対策を打つでしょう。その間に世の中はどんどん変わりますから、常に手遅れです。子どもさんはそうはいかない。毎日動いています。実は子どもだけが動いているんじゃない、皆さん自体も動いているんです。だけど文明化、近代化、情報化とは、とにかくすべて、生きている人間を無視するという傾向においてはまったく同じです。

私が一番好きなのは中世です。中世っていつか。鎌倉《かまくら》時代から戦国まで。中世で一番有名な文学の一つである『平家物語《へいけものがたり》』の出だしが「祇園精舎《ぎおんしょうじゃ》の鐘《かね》の声《こえ》　諸行無常《しょぎょうむじょう》の響《ひび》きあり」です。そう、その一言に尽きるんです。今の人は、諸行無常とは、夢にも思っていないだろうと思います。

諸行無常とは、根本的に何のことか。すべてのものは同じ状態をとることはないということです。万物は常ならず。すべてのことは同じままではいない、ということです。

若い人はこれがわからない。なぜわからないか。自己という観念が強いからです。だから、三つのときからいまだに、私は私だと思っている。それはまあ、思っているだけのことで、自己意識というのは実はそういうものです。

先ほど情報と実体の話をいたしました。つまり、人間は動いているけれども、情報は止まっている。それを一番みごとに表現したのが『方丈記《ほうじょうき》』の冒頭です。「ゆく河の流れは絶えずして、しかも、もとの水にあらず」。

誰だって、見れば川だってわかります。すなわち、川の姿はここにこのまま止まっている。だけど、この川を作っている水はどうかといったら、どの瞬間も決して同じ水じゃない。僕がすごいなと思うのは、その数行後で何て言っているか。「世中《よのなか》にある人と栖《すみか》と、またかくのごとし」という。そこを読み落とさないで欲しい。人間そのものだって、栖、都市だって同じでしょうと。一面、止まっているんです。しかし他面では動いてやみません。こういう典型的に中世にあった感覚が消えました。

皆さんの体もまったくそうです。一年たちますと、皆さんの体を作っている分子は、きれいに入れ替わっています。骨みたいに代謝が少ない、そういうところは残っていますけれども、それだって一部入れ替わっています。去年と同じ顔で、同じ体だと思っていると、それは大変な錯覚であって、皮膚の分子なんかは、ほぼ完全に入れ替わっています。分子に名札を貼《は》っておいたら、その違いがよくわかるはずです。だけど、皆さんそう思っていないでしょう。どうしてそう思わないか。皆さんの意識が、この自分はずっとつながっているのだ、と決めているからです。しかし、この自分がつながっていると言ったって、そんな保証は、実はまったくないんですね。皆さんは人間であって、固まった情報ではないのですから。万物は常ならずです。

子育ての自転車操業

拓殖大学文京キャンパス

1999.8

私は長年、大学で解剖を教えております。解剖については、あまり具体的には想像されたことがないと思いますが、根本的には実習が中心で、医学部の学生四人に一人ないしは二人に一人の遺体を渡します。そして教科書を与えておいて、ある手順に従って実習をさせる、すなわち解剖をさせます。

大学で教えているといっても、あまり教育しているという気持ちはなくて、とにかく現物を与えて学生にそれをやらせておけば、ひとりでにいろいろなことを考えたり、学んだりするだろう、ということで、非常に楽な授業でした。若いうちは、だいたい教えているという気がこちらにありませんから、学生と一緒に遊んでいるという感じでした。

私が教育ということを改めて考え出したのは、実はある事件が大学で起こったからです。

ある日、学生が実習をしていて、私は部屋に戻ってたばこを吸っていました。そうすると学生が来て、何を言ったかというと、「先生、お願いがあります。尊師が水の底に一時間いるという実験を富士宮《ふじのみや》でやります。ついては立会人になっていただきたい」。

これにはびっくりしました。まず尊師というのが何者であるかということを当時は知りませんでしたし、富士宮がどこにあるのかもわかりませんでした。それででしょうがないので、子細《しさい》を問いただしました。たとえばあなたは何をしているのと聞くと、学生はヨーガをやっていますと答えますので、ヨーガをやって何かいいことはあったのと聞くと、「いいことがありました。まず食欲がなくなって、性欲がなくなりました。一日二食ですみます」と、こう言うんです。

私はこれでも医師免許を持っておりまして、医者の端くれです。生きた患者さんは見たことはないのですが、唯一《ゆいいつ》の例外があって、それが学生のおかしいやつで、これは長年付き合っております。ですからその人が分裂病（現在では統合失調症と名称変更）かどうかということは、私には本能的にわかりますので、普通はそういう学生が来ると、隣の電話から精神科の外来に電話して、いまから学生を一人やるから、よろしく頼むと言うんですが、この人についてはそういう気になりませんでした。

藪《やぶ》医者の判断ですが、この学生はおかしくない。でもおかしくないとすると、もっとおかしいんです。五分間、酸素や血液の供給を止めれば、脳は回復不能な障害を起こします。そういうことは、その学生はよくわかっているんです。だいたいそのような知識をきちんと操作して答案が書けなければ、東大の医学部に入ってこられるはずがない。しかし同時にその頭の中で、人間が一時間も水の底にいて何ともない、それを手品ではないと思っている。その二つの知識が平然と同居しているという人を、私は見たことがなかったんです。

それで本当に愕然《がくぜん》としました。


そういったことがいろいろありまして、そのうちに大学を辞めてしまいました。それで一年浪人をして、その間にちょっと勉強してみました。なんとかオウムの学生のことを理解しようと思って、私なりに努力したつもりです。そして一年後に北里大学に移りました。それは誘ってくれる人がいて、別の理由もあって移ったのですが、そこで私は教養を教えるようになりました。

なぜ教養を教えるようになったかというと、それはやっぱり若い人の教育が大事だと思ったからです。私には、どうしてオウムが育ってきたのかということが最大の疑問で、若い学者たちのお書きになったものを読ませていただいたりして、やっとわかってきたのは、本当に時代が違ってきたなということです。

私が教養で必ず最初にする講義は、知るということ、知るとは何かということです。当然のことですが、学習というのはある意味で知識を得ることだと言っていい。しかし今の若い方は、私の時代とは間違いなく前提が違っていて、「自己」と「知ること」は別になっているということが、やっとわかってきたのです。

どういうことかというと、たとえばイギリスの片田舎の町に教会があって、その教会がどんな教会か知りたかったら、インターネットの引き方を知っていれば、ちゃんと出てきます。今はものすごく細かいレベルまで、さまざまな知識をコンピュータで得ることができます。だから若い人にとっては、知識というのはコンピュータの中に入っているもの、あるいは本の中にあって本棚に並んでいるもの、いろいろなところ、とにかく自分とは関係のないところにあって、それをどのように引っぱり出すか、サリンの作り方をどうやって調べるかです。調べて、実際に作ってみたら、サリンが作れたということなのです。

しかしそのことと、それをやっている本当の自分自身、自分が考えている自分自身とは関係がない。知ることは自分とは独立したことなんです。今、オウムの事件を調べてみると、非常によくわかります。「知」は今の若い人にとって、すべて技法、つまりノウハウ、自分とはかかわりのないこと、しかしそれを知っていて操作できる関係です。

それはおもちゃや、コンピュータや、さまざまな道具と同じことであって、知ることというのは、自分からは独立した別の作業です。私はそれを操作可能といいますが、知識が操作可能なものとして受け取られていて、自分とは別だと、いうこと。そこが非常に重要です。

だから、麻原彰晃《しょうこう》が水の底に一時間いるということと、私たちが教えております、酸素なり血液の供給を五分間止めたら、人間の脳は回復不能の障害を起こすという、その二つの知識が、ある学生の頭の中では平然と並んで走っていたわけです。彼にとって、両方とも成り立っていて、ちっとも構わないんです。都合のいいときに、都合のいい方を使えばいいと。それがノウハウとして知ることなんです。

では、自分と独立した「知」はありえないことをどうやって教えるか。これもいろいろなところで話しておりますが、私は学生に、自分が癌《がん》告知をされたらどうするかを考えさせます。あと三カ月とか六カ月と宣告されたら、どういうふうに考えるかと。

つまり、癌の告知をされる以前の自分と、告知をされた今の自分は、違う自分です。そんなことは告知をされた方はよくご存知です。癌は一例です。すなわち、そうやって何かを自己と関係づけて、本当に自分のものとして知れば、自分が変わってくる。自分が変わるということは、過去の自分が部分的に死んで、新しい自分が生まれるということです。

最初に言いましたように、以前の私は特に教育ということは考えなかったのですが、しかしオウム発生以来、「知るとは何か」ということをまず学生に言うようになりました。

今の若い人が、そういった意味で、知と自分とは別だと考えるようになった要因のいちばん端的なものは何か。

まず第一に、私が育ってきた時代と、今の子どもが育ってきた時代で、決定的に違うことは、テレビのあるなしです。小さな子どもが、お母さんが忙しいものですから、テレビの画面をジーッと見ています。私はうちの子どもがそうやっているのを見たことがあって、そのときにこれはまずいと直観的に思ったことがあります、テレビの画面に引き入れられている。テレビの画面の中では、ご存知のように、人間が出てきて会話をして、ちゃんと言葉をしゃべっています。何人もの人物が出てきて、その中でいろいろなことが起こります。

そこで唯一外されているのは誰か。見ている子どもです。そして子どもがそれに対して怒ろうが、笑おうが、何を話しかけようが、テレビはいっさい子どもの働きかけには関係なしに自分で実行していきます。それをお考えになったら、今の子どもの反応がよくおわかりになるのではないかと思います。こういう体験が積み重なっていくと、世の中で起こっている事件は、だんだん現実感がなくなり、すべてテレビの中の出来事と同じで、しかも自分はそれから離れているという感覚になる。それはきわめて自然な成り行きです。

香山《かやま》リカさんという、これはペンネームですが、精神科の女性のお医者さんがいて、若い人のことをよく書かれるものですから、私はそれも勉強のためによく読んでいます。そうすると最近は離人的な訴えをする若い人が多くなってきた。「離人症」というのはおわかりになると思いますが、自分のことであっても、あたかも他人のことのように感じられて、何か遠いんです。

実は、私は昨日まで学生のレポートを八〇〇枚採点していたんですが、それを読んでいて驚いたことがあります。香山さんの本を読んで知ってはいたのですが、そのレポートは「人間について」という出題で、家族について書かせたものです。その中に二枚、途中まで書いて、「実は私は今、ときどき自分の家族が口をきいているロボットか人形のように見える」というのがありました。これが典型的な症状の一つです。つまり、とにかく見たところは人間だし、しゃべっていることも違和感がないし、ちゃんとしゃべっているんだけれど、どうしてもそれがある現実感をもって自分に訴えてこない。テレビの世界が移ってきて現実の世界となり、現実の世界の登場人物が機械人間となる。これを私たちは、学生時代に精神科で分裂病の初期に発現する症状だと習いました。

これは現代社会に極めて普通に起こることで、その機械のように見えるということに、さらに自分の頭のほうで継ぎ足して、宇宙人が入り込んで乗っ取ったんだというふうになるまであと一歩です。そういう社会を我々が作ってきたのです。

私の子どもの頃を考えると、そもそもテレビがありませんでした。私がテレビを初めて見たのは、小学校五年生か、六年生のときですから、私が育った環境と、オウムの学生が育った環境はまったく違うと言うしかありません。それでは、それをもっと遡《さかのぼ》って考えたらどうなるんだろうというのが、今日の演題に「自転車操業」とつけた理由です。

自転車操業というのは、実は私たちは明治以来同じことをしているのではないかということです。つまり親が育ったようには子どもを育てていない。福沢諭吉《ふくざわゆきち》がそうでした。福沢諭吉はある意味で非常に偉い教育者ですが、あの方の根本的な信条は、封建制度は親の敵《かたき》ということです。しかし福沢さんの子どもの時代になると、敵にすべき封建制度がありませんでしたから、子どもは親が生きたようには生きられません。基本的な問題はそこなんです。

私はテレビのない時代に育ちました。だから子どももテレビがないように育てたかというと、テレビがあるように育ててしまいました。そうするとある年齢になって、子どもがオウムみたいになって、話し合いがつかないのは当たり前だなと思うわけです。

教育の問題はそこにあるわけで、自分が育ったように子どもを育てないことについて、我々は何と考えてきたかというと、それを「進歩」と呼びました。それでは人間は無限に進歩するものなのかということです。そして、いったい何が進歩なのかという問題が、そこで起こってきます。

あるとき新聞を読んでいたら、小学校しか出ていなくて、苦学力行して偉くなって、大会社の社長になって、お金をたくさん儲《もう》けたという人がいて、その人が若い人が勉強できないのはかわいそうだからと奨学金を作るという記事がありました。そのときに私は思わず大きな声を出して、なんでそんなことをするんだよと言った覚えがあります。それで女房にたしなめられたんです。人がいいことをするというのに、あなたが文句を言うことはないでしょうと。

なるほどそのとおりですが、私が言う意味は違うんです。その人は苦学力行して成功したんだから、どうして若い人に、俺がやったようにやれと言わないのかなという疑問を感じたんです。皆さんはどうお考えでしょうか。

つまり俺は金がなくて苦労して、ここまできたから、おまえさんたちには金を出すよということですから、それは親切です。しかし見ようによっては、私のへそが曲がっているのかもしれませんが、もう一つそこで起こってくる疑問は、その成功した方は、過去の自分の人生ははたして肯定しているのか、否定しているのか。そのことが私の頭の中に漠然とあった疑問です。

そして自分の過去を肯定していない人が、教育者になれるかということを、私はお伺《うかが》いしたい。自分が受けた教育は戦前の教育で、あれは間違っていたという人がいます。しかし、それはおかしい。なぜなら、その人がそういうふうに育ってきた中に、戦前の教育も含まれていたわけで、そうした自分が受けてきたもの、自分の過去というものをすべて否定してしまってよいのかということです。

それをさらに広げて言うと、日本の社会で、私たちの歴史の書き方、あるいは一般的な世間の考え方は、明治時代では、封建制度は親の敵です。戦前は軍国主義で、これはつぶせ。これはまったく同じことだと思います。つまり自分は苦学力行してきて、現在は出世してうまくいっているけれども、あれはよくないということです。どこまでそれを言っていいかというのが私の疑問点です。

私は小学校のときに終戦を迎えました。ですからB29が頭の上に焼夷弾《しょういだん》を落とすのを見ておりましたし、空襲警報が鳴れば、眠い目をこすって防空壕《ぼうくうごう》に入ったりしました。古い話ですが、食べるものがなくて、カボチャとサツマイモを一生分食べたから、もう食べないと言っています。

では、そういう生活が悪かったかというと、私は別に悪いとは思わない。昆虫採集なんかでも、当時はうちの近所でいくらでもできた。そういう時代でしたが、それに比べれば、今の子どもはかわいそうだなと思っています。それだけではなくて、私は悪ガキでしたから、しょっちゅう近所のおっさんとか、知らないおばさんに怒られていました。塀に登っている、木に登っているというので怒鳴られるわけです。今おそらくよその子どもを怒鳴るおじさん、おばさんはほとんどいないだろうと思います。うちの娘が昨日、ブツブツ言っていましたが、電車に乗っていたら、身障者・老人の方の優先席に若い女の子が座っている。前にお年寄りのおばあさんがいるから、譲ってあげなさいよと言ったら、聞こえないふりをしたと。それでうちの娘は気が強いものですから、あんた聞こえないふりしないでよと言ったらしいのですが、それで何が起こったかというと、座っている女の子が泣き出したそうです。これも私には異人種としか思えない。しかし結局、それを育てているのは我々だということです。そしてオウムが起これば、あれは特別な人だと言う。これは世間の構図で、戦前から変わっていません。

我々は社会の過去をずっと否定してきましたが、その過去も、それはそれで教育に非常に大きな影響を与えているに違いないと思うのです。

ここで、ちょっと難しくなるかもしれませんが、基礎的な問題、脳の問題についてお話ししたいと思います。人間という動物のいちばん大きな特徴は直立歩行をすることだとよく言われますが、もう一つ、誰でも知っている大きな特徴があります。それは脳が大きくなったということです。チンパンジーの三倍です。チンパンジー、ゴリラ、オランウータンは全部同じで四五〇ccぐらいの脳です。

もっとおもしろいのは、直立歩行を最初に始めた人間の先祖、オーストラロピテクスの脳容量は、やはり四五〇ccです。ですからこのへんの数字がはじまりで、ミトコンドリアDNAの計算が正しければ、現在の皆さんの脳の平均の容量は一三五〇cc、ちょうど三倍になっています。七〇〇万年で三倍になっています。しかもその三倍のいちばん大きくなった部分は新皮質と呼ばれる部分だということがわかっております。

進化の過程で、人間あるいは動物の特定の器官が急速に大きくなるには、当然何か理由があるはずです。偶然だというのはおかしい。それではなぜ特にここが大きくなったのかです。人間とチンパンジーの遺伝子は二％弱しか違いませんので、一所懸命にチンパンジーの遺伝子の解析をやってみると、そこに原因があるということは間違いない。

いずれそれはわかってくると思いますが、どういう機構で脳が大きくなるのかということとは別に、現在の進化説では「自然選択」が有力な説になってきています。つまり環境が選択していった進化です。それではいったい人間の脳は、どういう環境のもとで、どうして大きくなったのだろうか。

自然選択説を最初に考えたのは、二人のイギリス人、一人はチャールズ・ダーウィンで、もう一人はアルフレッド・ラッセル・ウォーレスです。この二人が、リンネ協会ではじめて自然選択説を提案したわけです。ところでおもしろいことに、ウォーレスとダーウィンの意見が食い違った問題が二つあります。

一つは、性選択といわれる現象で、これは平たく言うと、カブトムシの角《つの》、クジャクの尾です。カブトムシの角はオスだけ大きくなりますが、生きていくということだけを考えると、それはなくてもいいということがおわかりになると思います。クジャクはオスが扇子みたいな羽を広げて、メスに見せる。あそこに目玉の模様が一五〇ぐらいついていますが、これは何のためについているかというと、メスに見せるためです。自然選択論者であったウォーレスとダーウィンはここで意見が食い違った。

ダーウィンは進化の過程でなぜこんなことが起こるのか、それはメスの好みだと言いました。つまり、角の大きいオスがメスに好まれるから子孫が増える。尾羽の立派なオスほどメスに好まれる。現在の視点で言えば、目玉の数が多いほどメスにもてるわけですから、オスのクジャクの目玉はどんどん増える。といっても目玉模様のことで、実際の目玉ではありません。

それに対してウォーレスは、メスの好みなどという、総じて言えば主観的な説明を導入してはいけないと、これはやはり当然、自然選択として考えなければいけないと言ったわけですが、今はどういう説明になっているかというと、両者の折衷に落ち着いております。つまりカブトムシの角みたいに、役にも立たない大きなものを持っているにもかかわらず、このオスは元気だということがメスに評価されるんだという説明になっています。そうでしょう。大荷物を担《かつ》いで、それでも普通の人と同じように歩けば、あの人は体力があるという評価になります。

二番目の問題が、実はヒトの脳の進化です。ウォーレスは、ヒトの脳の進化だけは自然選択とは思えないと言いました。彼はアマゾンに三年以上いて、マレー諸島にも七年以上いました。一九世紀当時の、そういった地方の原住民の生活をよく知っていたわけです。そういういわゆる原住民、ほとんど裸で暮らしている人たちを、子どものときからイギリスのロンドンに連れてきて、学校に入れて教育をすれば、イギリス人と同じ生活ができると彼は言います。当時としては、いわゆる進歩的な説でした。そうすると近代生活に要求される能力は、ああいう原始的な生活をしていたとしても、ちゃんと脳の中に備わっているのだから、どう考えても、自然選択で人間のそういう能力が発達してきたとは思えないというのが、ウォーレスの意見です。

それに対してダーウィンは、脳の進化もやはり自然選択で説明されるべきだと思うと言っています。皆さんはどちらの考えをおとりになるでしょうか。私は実はウォーレスの意見は、それなりに一九世紀的な偏見であるという気がします。

それでは人間の脳はどうやって進化したか。ポイントは脳に連続してかかってきた淘汰《とうた》圧《あつ》、選択圧です。オーストラリアみたいな乾燥した気候だと、日本のように雨は降らない。年間降雨量は五〇〇ミリですから、そういうところで生きている生物は、できるだけ水分を節約して生きるということを考え出さないと滅びてしまいます。要するに乾燥に耐えるというのが絶えず淘汰圧、選択圧になります。

人間が集団を作って社会生活をする。そのときにあることを始めるわけですが、あることを始めた結果、それがコンティニュアスに淘汰圧になっているということは、皆様方が素直にお考えになれば、おわかりになるかと思います。

結論を先に申し上げます。こんな言葉は実際にないものですから、ただ漢字を並べて作ったものですが、我々の脳にとっていちばん重要なことは「共通了解可能性」です。人のことがわかるということは、人間の社会生活では有利か不利か、お考えになるとすぐにわかります。自分が腹が減ったときに何をするかということがわかる人は、他人が腹が減ったときに何をするかわかる人です。だいたい管理職、偉い人というのは、人のことがわかる人でなければ務まりません。

もう一つは、共通了解可能性のない人をどう取り扱っているか。共通了解可能性を典型的に保証しているものの一つは言葉です。日本の社会に生まれて、言葉を語る能力がはじめからないとどうなるか。必ず排除されます。皆様方は直接ご覧になっていないかもしれませんが、そういう人はたくさんおります。この共通了解可能性は身近なところでもいろいろなかたちで使われます。いじめもその一つで、あいつはどこか違うといって、差別するのも典型的にそれに相当します。

人は記号を使います。これが言葉です。ですから絵を描くこともできるし、道具を使うことが簡単にできるようになります。人間がシンボルを操る動物だということは、すでに古くから気がついていることで、そして実はそれを保証しているのは共通了解可能性だと言いたいのです。

言葉が共通の了解可能性を保証するものだということは、けっこう難しいのですが、「とにかく話せばわかる」というように、言葉でかなりのことが通じます。そして動物は言葉が使えないということは皆さんもご存知です。

それでは言語が保証している共通了解可能性とは何か。ちょっと難しいのですが、実は言葉で表現できないことはたくさんあります。たとえば端的な例で、赤と青なら、誰だってその違いがわかります。しかし世界には、虹《にじ》が七色であるという文化だけでなく、二色であるという文化、六色であるという文化もあるということはご存知だと思います。

色は物理学的には光の波長ですから、これは量的なものでしかありません。しかし、我々が赤とか、青とか呼んでいるのは、どう考えても質的な違いなのです。つまり赤を何倍したら青になるかという感覚は、皆さんにはないでしょう。赤と青はどうやっても違うものでしょう。

これは脳ではクオリアの問題で、クオリアは質の単位ですが、赤と青が違うということは、すなわちクオリアの違いです。ところが物理的に考えると、一定の時間内に、ある特定の神経細胞が何回興奮するか、それが信号で、それ自体は量の問題ですから、なぜ赤と青の違いが出てくるかを物理で説明してみろというのが、現在の脳科学で一つの難問とされているものです。そんなことはいいのですが、ここで言いたいのは、このクオリアを言語はちゃんと赤とか、青とかで言えるのですが、皆さんが赤を見たときに感じていることを、私は青を見たときに感じているかもしれないということです。しかし言葉のうえではいっさい齟齬《そご》が起こりません。そのことはよくおわかりになると思います。

要するに私が青と感じて、皆さんが赤と感じているものを、逆に入れ替えても、はじめからそういう約束事でしゃべっているから、言葉のうえではほとんど矛盾が生じない。実は言葉というのは、クオリア自体を表現することはできますが、クオリアの中で起こっているさまざまな量的な関係は表現することはできない。それを我々は主観と言います。そういう、頭の中で主観的にどういう感覚が生じているかということは言語にはならない。それはなぜかというと、言語は外部に表出された記号だからです。

外部に表出された記号のことを、私たちは表現と呼びます。絵画も、音楽も、すべて表現です。こういった表現の非常に大きな特徴は、それは記号ですから、不変性を持っているということです。言葉も不変性を持っています。ですから、いったん言葉にした表現は止まってしまいます。映画がそうです。

今はビデオがはやっていますから、どこのビデオショップへ行っても、映画のビデオが見られます。ちなみに一本借りてきて、一〇回それをご覧ください。一回目は初めてですからおもしろがって見ます。しかし、二回目、三回目くらいまでは、いろいろ角度を変えて見て面白がっていますが、五回、六回以上になると、もうたくさんということになるでしょう。しかしそのときに映画はまったく変わっていないということにご注目ください。映画は最初から最後まで、シーンはいっさい変わっておりません。その反応がいちいち違うのは、皆さんの脳がそのつど変わっているからです。

つまり我々の脳は二度と同じ状態をとることはないと、私は定義しています。脳が二度と同じ状態をとらないだけではなくて、現実は千変万化しています。実はこんなことは昔の人は非常によく知っていました。ですから現実は諸行無常で、万物は流転《るてん》すると言ったのです。

しかし今や、言葉が最優先の世界になりました。言い換えれば情報の世界です。情報というのは表現ですから、いったん表現された以上は、すべて不変な性質を帯びてしまいます。現実は千変万化して、我々自身は二度と同じ状態をとらない存在なのですが、表現が優越する情報社会では、不変であるところの表現のほうが実在に変わっていって、絶えず変化していく実在のほうが実在感を持たなくなってくるという現象があります。それが「うちの家族がロボットに見える」ということであろうと思います。

共通了解可能性を追求するときに、言葉は非常に便利です。しかし言葉は表現ですから、それはものを止めてしまう。止めてしまったものを徹底的に頭に刻み込むと、本当に生きて動いている世界が実在感を失ってくるのが人間だということを申し上げたいと思います。

では、人間や世界は止まったものではなくて、生きたものだということを、教育でどうやって教えるのか。先ほど、オウムの人が知識を操作可能性として、自分から離れたものとして考えていると申し上げました。それが進行していくと、自分自身というものが非常に縮小していきます。なぜなら、経験が自分の肥やしになっていないからです。すべてが外部的です。だからそれを理屈っぽく、英語風に表現すれば、クレバーであると。物事を扱うことには長《た》けているが、賢くはない。まさにオウムがそうです。

私は林郁夫《はやしいくお》というお医者さんはそんなに悪い人ではないと思います。あの人は中年の医師です。それがサリンをビニール袋に入れて、自分で持っていって、地下鉄の中に置いて、傘の先で袋を破るという図を想像すると、はじめに申し上げたオウムの学生と同じように、まったく違和感があってわからない。本来はそういうことは起こらないはずです。

医師というのは基本的に人の命を救うということから始まった職業です。国家試験を通って、患者さんだって大勢診てきたでしょう。それなのになぜあんなことをするのか。それを考えたときに、あの人は本当に生きていたのかなと思います。つまりあの人の自分というものが、それまで育ってきた人生の間でどれだけ豊かになってきていたかということです。

皆さんはよく「心」とおっしゃいます。心の意味は、先ほど表現は外に出されると止まってしまうと言いましたが、そういうものと違って、絶えず時々刻々揺れ動くのですが、間違いなく存在している何か、そういったものに触れるということです。今、子どもたちにその体験がどのぐらいあるかということを、私はうかがいたい。

私は広島の大学でも大学院の講義をしていますが、オウム事件以来、若い人たちに興味を持ちまして、彼らがどう思っているのだろうと、いろいろ学生に聞くわけです。四〇人ぐらいだと非常に聞きやすいので、そばまで行っていろいろ聞く。たとえば君

たちが何かものをするときに、最初に考える原則があるだろう。清く、正しく、美しくとか、カッコのいいことがしたいとか、人に迷惑をかけるようなことはしてはいけないとか、あるいは金儲《かねもう》けにならないようなことはしないとか、何でもいいんですが、行動の原則があるだろうと。

正しいことをする、本当のことをするという答えを一応期待して、聞いたんです。そうしたら、普通はそういうことを学生にいきなり聞いても、返事をしないのですが、私が聞いた学生は即座に返事をしました。行動を起こすときに最初に考える基本的原則は何か。彼はあごを上げて、「それは安全です」と答えました。それで私はただちに、それじゃ消防署に勤めなさいと言いました。

今の子どもは、大学院ぐらいの人でも、自分の行動原則ははっきりと安全だと言います。ケネディ家の人たちはまったく賛成しないだろうと思います。今の二〇代の若い人が、行動原則は何だと言われて、それは安全ですと答えるのが正常な社会かと、これはオウムの学生ほどではありませんが、ちょっと心配になります。

そういう若い人たちは、私が長年飼っておりましたネズミによく似ています。私たちは実験用にネズミをカゴの中で飼います。そして餌《えさ》と水を常に十分に与えます。ネズミはその中で繁殖をして、子どもが産まれますから、子どももまったく同じ環境で育ちます。そうやって育ったネズミは、シッポをつまんでも全然反抗いたしません。しかし、慣れない容器などに移すと、ゴソゴソッと歩いて、必ず縁に行って、縁をヒゲで触って、ずっと歩いて環境を見ています。

ところが私は管理が悪いものですから、そういうネズミがときどき逃げてしまいます。大学の中は、ネズミがいるぞということで、ときどき野良《のら》猫が入ってきて、逃げ出した実験用のネズミを食うということがある世界ですが、カゴから出て自由に動き出したネズミは、一週間もたつと、もはや捕まらないネズミになります。ものすごく敏捷《びんしょう》になって走り回って、完全に野生化します。

その変化を見ていると、人間もおそらく同じだろうと思います。それは、つまり水と食料を十分に与えられて、安全第一で過ごしてきた動物という点では、現在の若い人たちはラットかマウスになっている。これが家畜化です。動物の家畜化と同時に、人間は自分自身を家畜化する動物なのですね。

だいたい言いたいことは、述べたつもりですが、十分ではなかったかもしれませんので、付け加えますと、共通了解可能性という非常に強い選択圧を、我々は社会の中でずっとかけてきたのではないか。その場合、特に新皮質が発達したということは、心と呼ばれるようなさまざまな情動に絡《から》んだ微妙なことを指すのではなくて、シンボル操作の能力に対して非常に強く選択圧をかけてきたのではないか。

現に、今の教育がとっている基本的な、実質的な価値観がそうであって、東京大学の医学部に入ると、偉いと人はおっしゃる。しかし、オウムの学生がこの中に入ってくる。それは、完全にシンボル操作能力によって学生を選抜しているからです。つまり言語がどのくらい上手に使えるか、言語をあとづけている外在化されるかたちの論理、数学的論理もそうです、そういうものをいかにうまく扱うことができるかということが、基本的な価値観になっているからです。

こういう価値観が広がって、その結果、最終的にできてきたのは、現代見るような典型的な都市です。都市の中には人間が考えなかったもの、人間の脳が外部表現しなかったようなものは基本的にありません。そして、都市の中にないもの、それが「自然」と呼ばれるものです。

そういうふうに考えてみると、何千年も前から、偉い人は同じことを言っています。お釈迦《しゃか》さんは典型です。釈迦という人は都市に生まれて、田舎に出て行った。「生老《しょうろう》病死《びょうし》」という有名な説話があります。若いときに、彼が住んでいた城郭から出て遊ぼうとすると、門が四つある。最初の門を出て赤ん坊に会い、次の門を出て老人に会い、次の門を出て病人に会い、最後の門を出て死人に会うという、それだけの話です。

この城郭の中こそ現代人の生活そのものだということはおわかりになると思います。生まれるところ、年をとるところ、病人になるところ、死ぬところ、全部が基本的に施設で起こる。現在は病院で生まれる人がほとんどで、産婆《さんば》さんはいません。死ぬ人は病院で八割以上が死んでいます。したがってまず第一に、生まれることと死ぬことが、日常生活から排除されてしまいました。

皆さんは全員、お母さんから生まれたはずです。そしていずれは全員お亡《な》くなりになるはずです。したがってこれはある意味で日常です。しかし現代社会はそれを日常とみなさないという約束事ができています。それは異常というわけです。人が死ぬのは異常事であるということです。五〇年前はある意味で人が死ぬのは当たり前でしたし、終戦直後は自宅で死んでおりました。今は自宅は人が死ぬところではありません。はっきり言って、家で死んでもらったら迷惑だと思われています。

この釈迦の説、つまり町からいったん出ると、生まれるところ、年をとるところ、病気になるところ、死ぬところに出合えるという説。それが生老病死で、人生の四苦であり、そしてさまざまな思い、すなわち八苦がある。そんなことは二〇〇〇年以上も前からわかっていることです。

それを相変わらず日本は繰り返し、ああじゃない、こうじゃないとやっているのです。釈迦が四つの門を出たように、子どもをこの四つの門からどうやって出すかということが、私の考えていることです。それが本当に生きることの教育になると思います。

最初の門で赤ん坊、次の門で老人、次の門で病人、そして死、現在の医療の問題のすべてです。つまり、生は出産期の問題、クローン問題、人工妊娠中絶問題から始まって、出生前遺伝子診断の問題、老は高齢化社会の問題、病はO―一五七、エイズなどのさまざまな病気の問題、そして死は安楽死、脳死、臓器移植。結局何のことはない、釈迦の時代の問題をそのまま現代社会で追いかけさせられているのです。そしてその中にいると、死んだ表現が優越していって、現実は消えていきます。特に消えていくのは自然です。

なぜ自然は消えていくのか。それは人の意識が作り出したものではないからです。人間はそういった異質なものを排除することによって、いわゆる進化というものを得ました。それをいつまで続けていくかということが、現在の環境問題など、さまざまなところで問われているのだろうと思います。

心とからだ

神奈川・北鎌倉《きたかまくら》女子学園

1997.10

　今回は「心とからだ」という題をつけさせていただきました。私たちの世界では、心というのは、ものを考えたり、感じたり、そういったものをすべて含めて使っております。心の他にからだというものがあって、心とからだが人間を作っていると昔からいわれています。

　以前に私は、西行《さいぎょう》の『山家集《さんかしゅう》』から「心」、「からだ」、心とからだの両方の言葉が入った歌を拾ったことがあります。なぜ、そんなことをしたかというと、その頃の人々が心という言葉をどんなふうに使っていたかを知るためです。すると、非常にはっきりしてきますのは、いわゆる情緒、感情が、心という言葉として使われていたことです。

　西行の時代には、現在と違って「心」の中には、理屈、理性、論理という意味は含まれておりませんでした。なぜかというと、理屈というのはどこでも成り立つ。どこでも成り立つということは、心ではない「物の世界」でも一応、成り立っているわけで、だから「理」は必ずしも人間の心の中だけにあるものではないと昔の人は思っていたわけです。

すると、人間らしい心は感情だということになります。今でも皆さんは心という言葉から、まず感情、情緒を考えるかもしれませんが、それ以外に理屈、思想をも含めて使ってもよいと私は思います。そういう意味も含めて今、心というものを考えています。

心はからだでいうと脳になります。脳といっても、ピンとこないでしょう。日本では動物の脳を食べることはしないし、何となく知っているといっても本で見たくらいで、せいぜい言葉として知っているだけです。どんな色をしているとか、どのくらいの固さかとか、臭《にお》いはどんなかとかは知らない。そういうことを知らないから、実感がありません。

本当は実物の脳を持ってきて、皆さんに見ていただくとわかりやすいわけです。でもこんな話があります。東京の整形外科医が患者の脚を切断しまして、それを紙袋にいれてタクシーで運んでいたのですが、タクシーの中にそれを忘れてしまったのです。

その医師は警察でたいへん怒られたそうです。人間のからだの一部を公共の交通機関で運ぶときには、色々と規則があります。外国人が日本で亡《な》くなると飛行機にのせます。数年前に日本でイランの人が亡くなって、日本の習慣に従って火葬して大騒動になったことがあります。国によっては、火葬してはいけない国もありますが、ヨーロッパもそうです。そういう国では火葬は残酷だといいます。

ご存知のようにチベットの一部では、現在でも鳥葬をやっているところがあります。鳥葬と聞くとゾッとするように、火葬についても嫌がる人がいるわけです。ですから、日本で黙ってイラン人を火葬してしまったことで、火葬なんかとんでもないと外交問題となりました。要は、人が亡くなったときの処置が文化によってさまざまに違っているということは、そもそもどれが正しいかが決まっていないということなのです。

人が死んだ場合、残るものを死体と呼びますが、体という字がついています。死体という言い方のほかに遺体という言い方もあります。今から四〇〇年前にポルトガル人が日本にきたときに日本語とポルトガル語の辞書ができました（一七世紀）。その辞書で「からだ」という言葉を引くと、死体という意味になっています。どうしてか。これは「から」からきています。「から」でないものは何か。それは「身」です。「から」と「身」に分かれています。からだとは、中身が抜けた「殻」です。これがからだです。亡骸（なきがら）という。もともと「からだ」の語源は身が「から」となったからで、死体をさしているのです。死体でなくて中身がつまっているものを身というわけで、からだを身体と書くのは身と殻と両方を意味しているのです。

このように死体とか、遺体とか、からだについていくつかの言葉がありますが、人は、死ぬと心が抜けてからだが残る。つまり、どこの国の人も、人は心とからだの両方でできていると自然に考えつきます。本当に心とからだを別のものと考える考え方を心身二元論と呼びますが、このような考え方で近代科学に足を踏み入れると不都合なことが起きてしまいます。

死んだときに心が抜けるのであれば、その重さはどうなるのだろう。それで、人の亡くなるときに体重を計った人がいるのです。これはアメリカの人で、精密な秤《はかり》を使って、臨終の前後で人の重さがどう変化したかを調べたのです（一九三〇年代）。結局、重さは変わらないという結果に終わりました。正確にいうと、死ぬとちょっと軽くなりますが。それは人間が乾いていくために軽くなる、それだけのことです。次に、それでは残ったからだは何だろう、と考えるわけです。ちなみに、日本人はそんなことを考えるのは面倒くさいので、死ぬと急いで燃やしてしまう、と私は思います。先ほども言ったようにヨーロッパでは火葬は行わない。土葬にするのが普通です。だから、時々死人が生き返ってきてそれがいわゆる吸血鬼とかゾンビとかになると考えられているわけです。一方、日本では死人は幽霊になって帰ってきます。

日本の墓と、ヨーロッパの墓には大きな違いがあります。日本の墓には、「○○之《の》墓」というように、「これは墓である」という説明が入っています。外国の墓は、死んだ人の名前、生まれた年、死んだ年がただ書いてあるだけです。日本ではなぜ、誰が見ても明らかに墓だとわかるにもかかわらず、「○○之墓」と念を押しているのでしょうか。そこに、火葬と土葬の違いがあるのです。

では、「○○之墓」とついているのと、ついていないのとはどこが違うのか。「○○之墓」がついている世界は、「お彼岸」もしくは「向こう岸」、ついていない世界は「こっち岸」です。ですから、西洋では時々墓石に当人の写真を貼《は》っています。写真といっても陶器に焼いたものです。西洋人にとって墓は「この世」で、日本人にとっては「あの世」です。あの世から帰ってくるから、日本では幽霊になります。西洋では帰ってくるとき、ちゃんとからだが残っているのです。

もう一つ、キリスト教では、「最後の審判」というのがありまして、死者は皆、生き返って、もう一度裁きを受けることになっています。そのときにからだがないと困るという考え方がありまして、なんとなくからだを大事にとっておくのです。それで火葬を嫌がるところがあります。

なぜ、こんな説明をしているかというと、人間が死ぬことについて、考え方にさまざまな違いがあるということは、逆に言うと、そこには特別な決まりがないということを意味している。このことを知ってもらいたいのです。死ぬということは、誰にとっても同じではないのです。非常に違うものなのです。

ネパールでは、遺骨を魚に食べさせます。では、どうして鳥葬を行ったり、魚に食べさせたりするのかというと、輪廻転生《りんねてんしょう》という考え方があるからです。だから、ブータンでは昆虫採集はおおっぴらにはできない。彼らは生き物を殺すのを嫌うのです。ブータンではビールに飛び込んだ蝿《はえ》を殺さずにすくって放します。どうしてと聞くと、「お前のおじいさんかもしれない」という。輪廻転生とはそういうことで、鳥に食べさせるのも、そういう理由なのです。直ちに動物になって輪廻していきます。

このように、文化、宗教によって死者に対する見方が異なるということを強調したのは、死というものは、実は皆さんが考えているほどカチッとしたものではないということをわかってもらいたかったからです。

それでは、人はどこで死ぬのでしょうか。実は、決まっていないのです。決まっていないということがどうしてわかるかというと、たとえば脳死という問題があります。脳死は死かどうかということをさんざん議論しました。さんざん議論しなければならないくらい、はっきりしないものなのです。

それは、「死」が論理的に定義できないからです。それでは、死はどうやって決めているかというと、約束で決めているのです。約束とは心臓が動いていない、呼吸が止まる、瞳孔《どうこう》が開くとかです。これを三兆候といって、従来はその三兆候が揃《そろ》うことで死を決めていたわけです。

では、三つの条件の揃った人が完全に死んでいるかというと難しいところで、一時間以内であればその人から腎臓《じんぞう》をとって移植することができます。つまり、まだ腎臓は生きているのです。手術中に腎臓にいく血液を一時間止めたとしても腎臓は再び機能します。

ただし、我々のからだには、短時間でも血液の流れを止めるとだめになってしまう器官が二つあります。脳と心臓です。ですから、脳に行く血管がつまると脳梗塞《のうこうそく》になるし、心臓に行く血管がつまると心筋梗塞になって、どちらも重いときは命取りになります。それは、脳と心臓は酸素を強く要求する器官であって、血液の供給を止めますと、回復不能の障害ができてしまうからです。他の器官はそんなことはありません。極端にいえば、筋肉であれば、次の日に電気で刺激すれば動きます。筋肉は簡単には死なないということです。皮膚にいたっては、一日くらいではまったく死にません。亡くなった人のひげを剃《そ》ったら、翌日の告別式の日には伸びていたなどという話があるくらいです。だから、死んだということは約束ごとなのです。つまり、人のからだは、脳、心臓、皮膚がバラバラに死んでいくのです。

死体は物だと人は考えます。物とは客観的に確かめられるものです。では、自分の死体というものを考えてみてください。実は、自分の死体というものはありません。自分の死体ができたときには自分はいませんから、確認のしようがありません。ないということは、客観的に確かめようがないということです。だから、皆さんが言っている「死体」というのは、あかの他人なのです。

それでは親子、兄弟の場合はどうか。そのときは、そもそも死体という言葉を使いません。親の死体とは普通言いません。たとえば、交通事故の場合、家族であれば、かたわらに寄って抱きかかえます。だが、あかの他人であれば、気持ちが悪いと逃げる。つまり、死んだ人は一種類ではないことがはっきりわかってきます。

身内は死にません。身内であればいつまでも生きていると思っているのです。このことは人間に限らない。実は猿でも同じです。猿のお母さんは子が死んだ場合、ミイラになるまで死んだ子を抱いています。自分の子であれば、どの時点で死んだかなどという論理的な結論を出す必要もないので、形がなくなるまで持って歩いています。

英文法で習った、一人称、二人称、三人称がありますね。一人称とは「私」、二人称は「あなた」、三人称は「彼・彼女」。三人称だけが客観的な死体であるということがわかります。生きているときの人間関係が死んでも反映されているのです。あかの他人とは、生きているときに特別の人間関係がなかった人のことです。だから、その人がどうなろうと知ったことではないのです。「死体」になるわけです。それが知っている人であると、たちまち感じが変わってきます。その人が死んだということを、自分に理屈で納得させなければいけません。特に大事な人が死んだ場合がそうです。死んだことを、自分に諦《あきら》めさせなければならないのです。

『今昔《こんじゃく》物語集』に恋人に死なれた男が、どうしても離れたくないので死体を家にずっと置いておく話が載っています。それは完全な「二人称の死」です。「一人称の死」

は先ほども言ったように、そんなものはないのです（自分の死体というものはありえない）。

だから、どこに問題があるかというと、おそらく皆さんは、死という客観的な事実があり、死体という客観的な事物が存在すると、頭から思っていたのではないでしょうか。けれども、私はそんなことはありませんと言っているのです。しかし、客観的事実がないということは、案外不安なことです。なぜかというと、死というのは非常に大事なことである気がするので、そんなものにきちんとした基準がなかったら世の中が壊れてしまうのではないかと思ってしまうのです。

脳死なんて、九九％の人は脳死状態にならないのだから、たいした問題ではない。なのに、我々が一所懸命に議論したのは、おそらくその背後にそんな不安があるからなのでしょう。

だから、脳死が死でもいいのです。従来のように三兆候が死でもいいのです。そんなものは社会の約束ごととして決めていることであって、理屈の上では、どこで死んだかということは必ずしも決まっていないのです。

先ほど言ったように、体は各部バラバラに死にますし、皆さんの立場によって相手が違って見えますから、二人称、三人称の死体ができてしまいます。日本では二人称の、つまり親しい人の死体を「死体」とは言いません。「親の死体」とは言いません。はっきり言えば、死んでいないということなのです。生前と死後を区切ったのは、ただの約束事なのです。

では、死んだらどうするのか。それを誰が決めるのか。医者が決めます。医者は死亡診断書という紙を書いてくれます。その紙には、死亡時刻という欄があります。○月○日○時○分と書くようになっています。医者がそこに書き込むとその時間に死んだことになるのです。それは医者が勝手に決めたわけではなく、三兆候が揃っているかで判断しているわけです。それが約束です。では、どうしてここで切るのか。

そこで少し難しい話になりますが、私たちは言葉を使って「生きている」とか、「死んでいる」とか言うわけです。これは言葉というものの癖ですが、いったんそういう言葉を作りますと、ものが切れてしまうのです。そこはよく理解してください。頭と胴体の間に境はない。けれども、「頭」、「胴体」、「手」、「足」という言葉を作りますと、胴体から手足が生えている感じになります。しかしそれは全然、逆なのです。体全体が先にあって、その一部に「頭」、「手」、「足」とかいう名前をつけたのですから。けれども、言葉を作ると、頭と胴体の間のどこに境があるのか、という話になるのです。それではっきりわかってくることは、実は言葉にはものを切る癖があるということです。

外にある緑色のものを皆さんは「木」、「草」と言っています。では、竹はどちらか。「木」と呼ぶべきか、「草」と呼ぶべきか。はっきりしないから「竹」と言っているわけです。そのようにして、我々は言葉によって世界を切り分けていきます。「生きる」「死ぬ」の場合も同様で、その間に論理的な境はないのですが、言葉のうえでははっきりした仕切りができます。

法律は言葉で書かれていますから完全に言葉の世界です。言葉の世界の中では、ものはきちんと切れていないと言葉は使えませんから、無理してでも切るしかありません。生きている状態と死んでいる状態の間も、我々はしっかりと切ってしまいます。

皆さんは、すでに言葉が出来上がった世界に生まれてきていますから、「生きている」のと「死んでいる」のとは、どこかできちんと切れているはずだと、はじめから思い込むようになります。すると脳死で何を議論していたのかが、まったくわからないことになります。なぜかというと、あれは、切れているはずなのに切れていないじゃないか、つまり、切れているはずだと思っていたのが間違っていたのではないか、という議論だったからです。

生きると死ぬとを、我々は、勝手に約束ごととして切ったわけです。そこに論理的な境があるわけではありません。

私は医学部で死体を解剖していましたが、学生に「この人は生きている人と変わりないよ」というと、学生は「そんなことはない、死んでいますよ」と言う。では、「死んだ人と生きている人はどこが違うか」と尋ねると、「死体は口がきけない、動けない」という。そんな返答に対しては、「口のきけない、動けない患者は病院にはいくらでもいる」と言ってやる。すると次には、「死体は冷たい」と言う。しかし、冷え症の女性の足先はもっと冷たい。要するに、生者と死者にはそういった量的な区別しかないのです。

けれども、我々の文化がいかにこれをきちんと切るか、「死」のところでいかに人を区別、差別しているかは告別式に行けばわかります。告別式は考えようによっては最後のお見舞いと言えるでしょう。その最後のお見舞いにいくと、帰りに、最近はたいてい紙袋やはがきをもらいます。ご会葬御礼というものです。あの袋の中にはさらに小さな袋が入っていて、その中には塩が入っています。

我々の文化は伝統的に、生者と死者の間をスパッと切って、ここから先はある意味で汚《けが》れたものという考え方を持っていますから、葬儀に行ったら塩で清めなければなりません。私などは、毎日解剖をしていましたから、それを忠実に守ったら、家の前に塩の俵でも置いておかなければいけない。これは我々がもっている、死者を差別するという一種の偏見です。死者を差別する分には誰も文句を言いません。

日本の社会はたいへんおもしろくて、たとえばハンセン病、昔は癩病《らいびょう》と言ったのですが、この病気についてらい予防法という法律がつい二、三年前までありました。日本は特定の病気の人が一般社会に出てはいけないという法律を持った変わった国です。それがらい予防法です。なぜ隔離するかというと、顔が変形するからです。そういうのを一番嫌うのです。これも一種の差別です。そういうのを嫌がるのは、ある意味では人間の自然の気持ちかもしれませんが、死者もまったく同じです。塩をまくくらいですから、非常にはっきりとした切り目を作るわけです。

我々の文化は昔から、そういう「切り目」をもっていたのです。その典型が、障子《しょうじ》とか襖《ふすま》とかです。障子、襖は家の中の仕切りですが、ドイツ人などに見せたとしたら、あんなものはドアではないと言い張ります。ロックもできないのですから、ドイツ人の言うことにも一理あるでしょう。彼らは体当たりしても壊れない丈夫なドアを、木で作ります。しかも、ドアに鍵《かぎ》を閉めてプライバシーを守る。

我々は障子、襖を使います。なぜか。小さい頃にお客さんが客室にいるときに、障子紙に穴をあけて中を覗《のぞ》き込んだ経験はないですか。あれは断りなしに開けてはいけないからです。障子や襖は、物理的に出入りをさえぎるための「ドア」ではありません。目に見えないものをそこで切っているのです。そういう切り方を我々は、けじめとか呼んで、子どもの頃から自然に身につけていたわけです。

そういうふうにしてものを切っているのが、ある意味で日本の文化なのです。ですから、生きている人、死んでいる人の間をきちんと切ります。死んだ人がいる向こう側は汚れたものですから、それを火で焼いて奇麗にしてしまいます。

話をもとに戻しますと、なぜ今、死のことを話したかと言うと、死んだあとには、皆さんが考える「からだ」というものが一番純粋な形で残ってくるのであって、人、文化、時代によっては「心」が抜けたと言いますが、そのことは死とは関係ないと言いたかったのです。それでは死のときに何が起こっているのかと言うと、脳を含めた一つのからだがあって、生きているときはそこにさまざまな働きが付随していますが、死ぬときはそれらの働きがしだいに消えていく、それだけなのです。

ともかくからだがあって、一方に心、すなわち、からだに言い換えれば脳があります。しかし、日本でも過半数の人が、脳と心は同じではないと言います。なぜ、同じでないかというと、脳は目に見えて触ることができる、どこにあるかわかっているわけで、心はそうではない。心は目には見えない、どこにあるかもわからない。そんなものが脳と同じであるはずがないという話になるわけです。

こういうふうになる第一の理由は、先ほども言ったように脳を見たことがないからです。しかし、心は言ってみれば毎日触れています。心は非常に親しいものです。しかし、脳のほうはまったく親しくない。だからこの二つが同じであると普通の常識で納得するはずがないのです。では、心と脳の違いはいったいどこにあるのか。

「心」は、実は「はたらき」です。「脳」は、「つくり」です。少し難しく言えば、「つくり」は「構造」で「はたらき」は「機能」です。私たちのからだには、「つくり」と「はたらき」が両方あるわけです。両方あって一人になっています。でも、「つくり」と「はたらき」の両方がくっついてからだを作っているわけではありません。我々が両者を勝手に分けているのです。では、どうして「はたらき」と「つくり」が分けられるのか。この説明は、こういうことを考え慣れていない人にとってはかなり難しいかもしれません。

生き物では、「はたらき」と「つくり」という区別ははっきりと表れています。呼吸、排泄《はいせつ》とかは「はたらき」であって、医学部ではこういうことを勉強する学問を生理学といいます。それに対して、「つくり」を研究するのが、私がやっている解剖学です。「つくり」とは絵に書けるもの、車の設計図がそうです。車の場合、「はたらき」は、動くということです。「はたらき」と「つくり」はこのように区別されています。

たとえば、解剖学会にいくと壇上でスライドをやっています。そのスライドには物差しが写っています。物差しの単位はミクロン、つまり長さの単位が入っているということです。生理学会に行くとやはりスライドを使っていますが、その物差しは何かというとミリセコンド、ミリ秒と書いてあって、これは時間の単位です。つまり解剖学会での物差しの単位は空間で、生理学会での物差しの単位は時間なのです。

呼吸も消化も循環も、全部「はたらき」ですから時間がかかります。でも「つくり」を見せるのに時間はかかりません。ただ見せればいいのです。そしてその「はたらき」をするのは、人間でいえば目です。目がないと「つくり」はわかりません。

目はおもしろい器官で、物を止めてしまう。写真や絵なんかもそうですけど。これが目の特徴です。そこでは動きが止まっちゃいます。だから時間の単位がないわけです。それで、死んだ人を解剖するってよく言いますが、生きている人は解剖できない。

なぜできないかというと、解剖するというと逃げるからです。動くものの解剖は本質的にだめなんです。

我々の目が物をとらえるときには、止めてみます。だから、写真になったり、絵になったりする。いったん写真を撮る、あるいは絵にすると、その姿のまんまで永遠に続いてしまいます。それは我々の目が持っている性質です。何でそんなことをクドクド言っているかというと、目と同じ大事な感覚である耳を考えてください。耳では、物は止まりません。音というのは、止めようがない。時間がないと音は聞こえません。今日、私はたぶん一時間半話すと思いますが、一時間半しゃべりっぱなしでしゃべらないといけないんです。本ならそんなことしなくていいんで、書いたものを皆さんに渡しておけばいいんです。そうして、それを適当なときに見ればいい。だから、耳の場合には、基本的に時間が流れてしまいます。音では時間が流れます。瞬間の音なんてありません。

ちょっと難しい話になってきましたが、そういうふうに考えると何となくわかってもらえるのではないでしょうか。たとえば目と耳を考えると、非常に違った「はたらき」をしていることがわかります。目は物を止めてしまいますし、耳は止めたら働かない。だから逆に言うと、「つくり」とか「はたらき」とかいう考え方、ものの見方は、そもそも「目」とか「耳」からできてきたのではないか、という推察が成り立つわけです。実際、私たちの脳というのは、目とか耳からできてきた部分を、中にちゃんと持っているんですね。

そうすると、どちらかと言えば目で考える、どちらかと言えば耳で考えるということが起こってきます。たとえば、目だけで物を考えたらどうなるかという例をあげてみましょう。

「ゼノンの逆理」というのを知っていますか（図1）。小学校の上級ぐらいで、もうわかる方はわかっていますが、アキレスとカメが競走するんです。アキレス（図ではウサギにしました）が後ろにいて、アキレスがカメの一〇倍の速さだとする。用意ドンで前に向かって走る。アキレスはカメの一〇倍の速さですから、カメを一〇〇メートル前に置いておくと、この一〇〇メートルをアキレスが走っている間に、カメはさらに先の一〇メートルを走ります。

今度はアキレスが一〇メートル行ったら、カメは一メートル進みます。そして次は、アキレスが一メートル走ったときは、カメは一〇センチ進みます。以下同様にして、これを何度も繰り返します。同じ絵をずっと使っていくと、いつまでたってもアキレスはカメに追いつかないという結論になります。だけど、実際に走ってみれば分かりますが、必ず追いつきます。では、絵で考えるとどうして追いつかないんだろう、というところが「逆理」です。

これは昔から、二〇〇〇年以上前から難問ということになっていますが、実は何でもないんで、「目が考えている」からです。目で考えればこうなるんです。目で考えるという意味が、ちょっとわからないかもしれませんが、我々の脳味噌《のうみそ》というのは、目につながった部分がかなりあります。だから、そういうところでものを考えれば物が止まって見えますから、止まった世界でものを考えるとこうなるんですね。

つまり、ゼノンの逆理は、止まった世界で「運動」を考えたわけです。すると、こういうおかしなことが理屈の上で起こってきます。暇な人は後でゆっくり考えてみてください。それで何が言いたかったかというと、みなさんの使っている言葉です。

「ことば」って何でしょうか。寄り道をしているようですが、今、「心」の話をしているつもりです。その心を考えるとき、一番重要なのが言葉なんです。皆さんは女の子ですから、恐らく、これから先もそうだと思いますが、一日のうちかなりの時間、

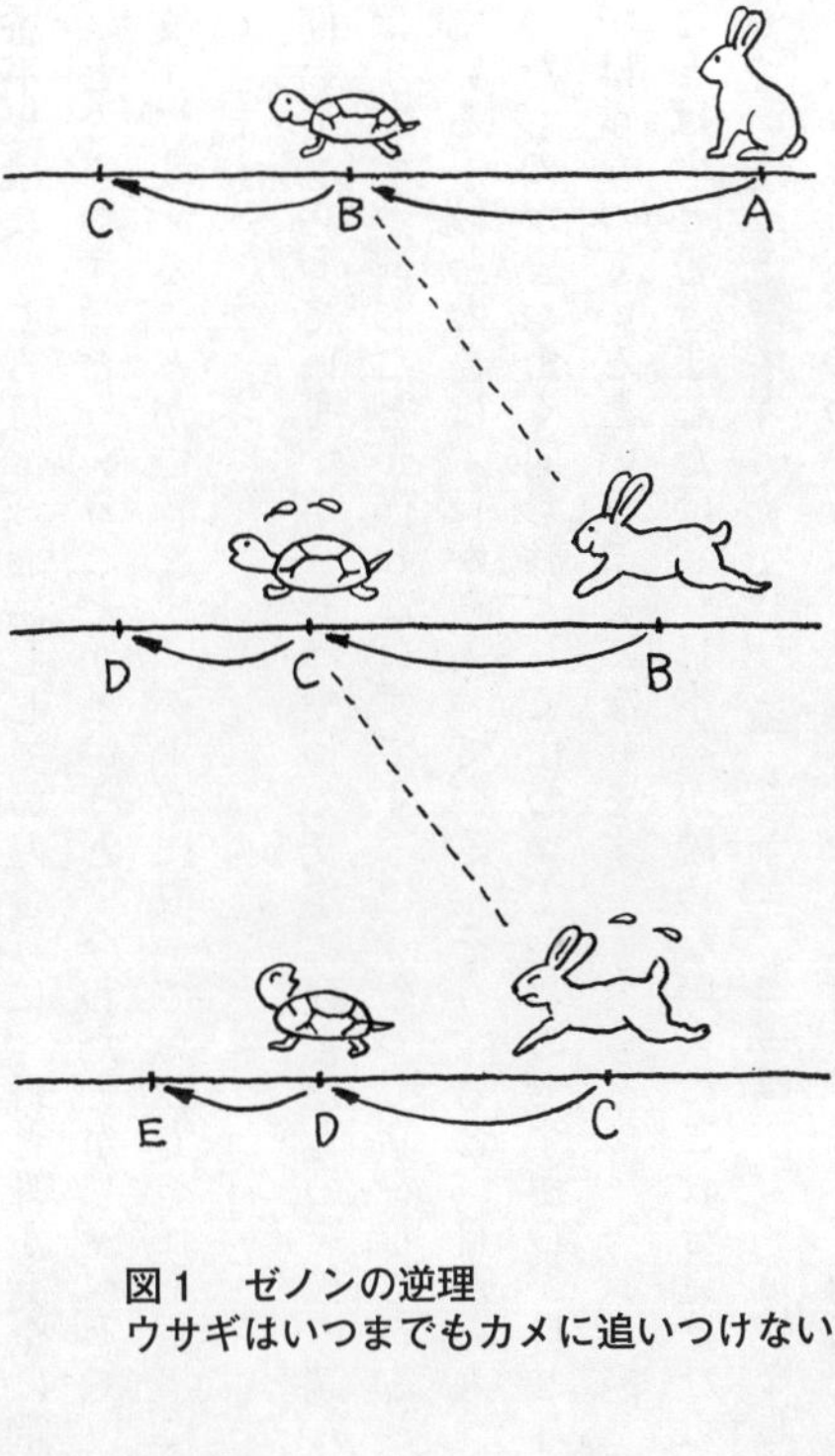

図1　ゼノンの逆理
ウサギはいつまでもカメに追いつけない？

おしゃべりしています。今この瞬間にもしゃべっている人もいますが、そうするといったい言葉って何かということです。言葉の一番大きな特徴って何でしょうか。

言葉の一番不思議なところは、今お話ししていたように、目と耳が完全に重なっているということなんです。どういうことかというと、今わたしがしゃべっていることは、すべて文字に変えることができます。テープに取っておいてそれを文字に書き換えることができます。

今は話を聞いてもらっていますが、そうやって文字に変えたものを後で読んでも同じ日本語のはずです。同じことが伝わるはずです。こうやって話をしているときは、耳から入っている。読むときは、目から入っている。そうすると、目から入ったものと耳から入ったものがまったく同じ話として伝わっているのですから、目と耳が完全に言葉の中では重なっているということになります。

ここに「ことば」と書きましたけど、日本語が読めない人にこれを見せたら、変なしみって思っていますよ。そうでしょ。「こ」と「と」と「ば」で。奇妙なしみにしか見えない。これを日本語のわかる人が見ると「ことば」と、音と等価に交換されます。言葉という音、こっちは音ですから耳から入ってきますが、何でこんなしみと言葉という音が同じなんでしょうか。

それが同じになるのが、言葉の特徴なんですね。目がやってることと耳がやってることとがまったく重なるところに「ことば」がある。だからゼノンの逆理で説明したように、目だけでものを考えると、耳にはわからなくなることがあるわけです。

皆さんは、ここの言葉の世界（図2の斜線部）に住んでいますから、目の世界とか耳の世界とかの話になると、突然わからなくなることがあります。

では、目と耳の重なったところが言葉の世界だとすると、目の側で余っているところ、耳の側で余っているところ、これは何だと思いますか。

まず目の側で余っているところに入ってくるのは「絵」です。また、耳の側で余っているとこ

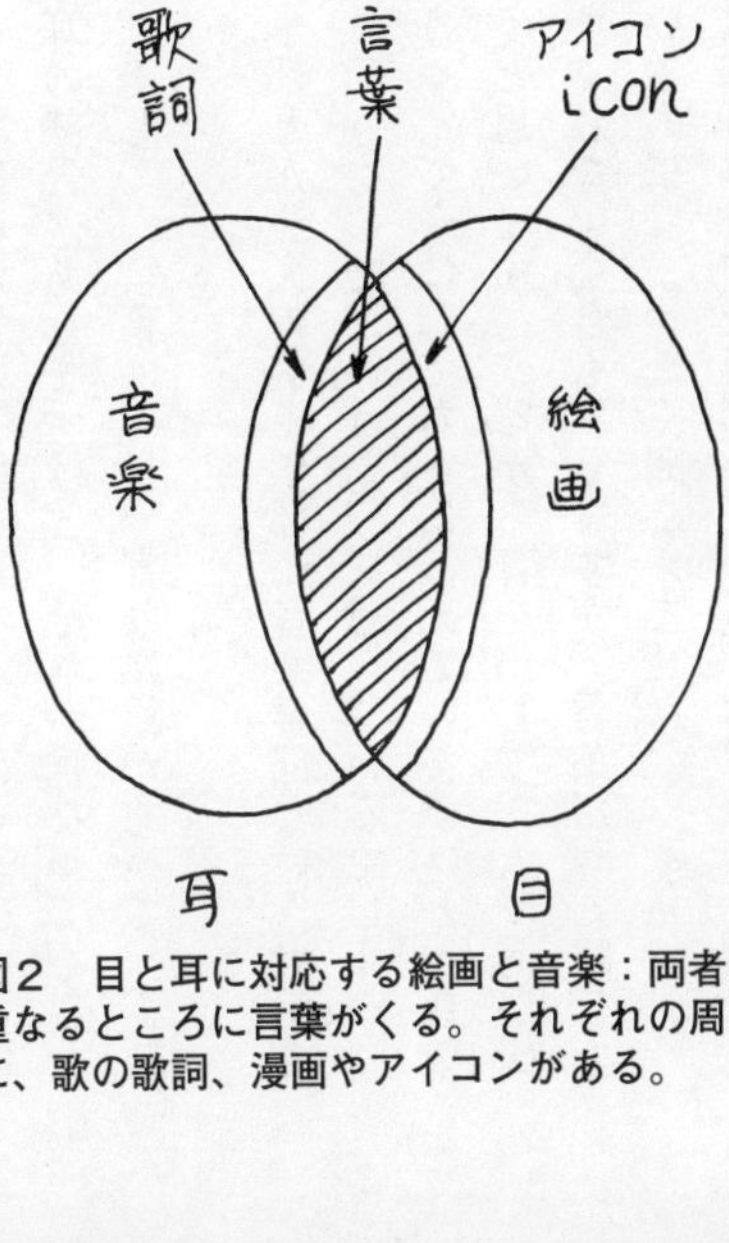

図2　目と耳に対応する絵画と音楽：両者が重なるところに言葉がくる。それぞれの周辺に、歌の歌詞、漫画やアイコンがある。

ろに入ってくるのは「音楽」なのです。実は私たちの脳はこんなふうに本当はなっているわけで、大脳皮質に目の部分と耳の部分がありますけど、それが重なってくると両側の間に「言葉」ができてきます。そして、言葉の「目」寄りに絵があって、「耳」寄りに音楽があります。

絵画と音楽と言葉というのは、文学部とか芸大の美術学部・音楽学部という大学のシステムを考えてもそうですが、全然違うものだというふうに思っているでしょう。そんなことはありません。言葉はこうやって音にして君らに伝えていますけど、音楽もまったく同じだということに気づくと思います。楽器から音を出して、人に何か伝えているわけで、伝えても全然聞いてくれない場合もありますが、言葉だって同じです。一所懸命しゃべっていても寝ている人にはまったく聞こえません。

音楽も、そうやって聞かせたときに、好きな曲なら聞いているけど、嫌いな曲なら全然聞いていない。ともかく何かこっちが音を出して、皆さんが聞いている点では、音楽も言葉もまったく同じです。

では、言葉と音楽の一番大きな違いは何か。さっきもうすでに言いました。言葉の場合は、それを取っておいて文字にして出すことができる。音楽の場合には耳で聞かないと、だめです。伝わり方が何か違うな、伝わっているものが何か違うなという感じがします。しかし根本的には、言葉も絵画も音楽も、目、耳に訴えている同じものです。

そこで、この絵をさらにもうちょっと別なふうに描いてみます。これが目の領分でこれが耳の領分です（以下図3）。脳の中では重なるところに言葉ができてくると言いました。今度はここに脳味噌を描きます。左右の脳を上から見てみます。右脳は音楽脳・絵画脳で、左脳は言葉の脳です。左脳のほうは、目と耳、つまり視覚系と聴覚系という情報系が、できるだけ共通に情報を処理しようとします。そうすると言葉になります。

そして、それを共通にしないで処理しているのが右脳です。共通にしないで、目は目、耳は耳で処理しますと、絵画になったり音楽になったりします。ちょっと難しいかもしれません。後でよく考えてみてください。

右脳は絵画脳、音楽脳で、左脳は言葉の脳であるというふうによく言います。絵画脳とはどういう意味かというと、主として空間認知を扱う脳ということです。空間認知というのは、我々が物がどこにあるか、物ごとの位置関係がどうなっているかを把握することで、普通は右の脳の働きです。

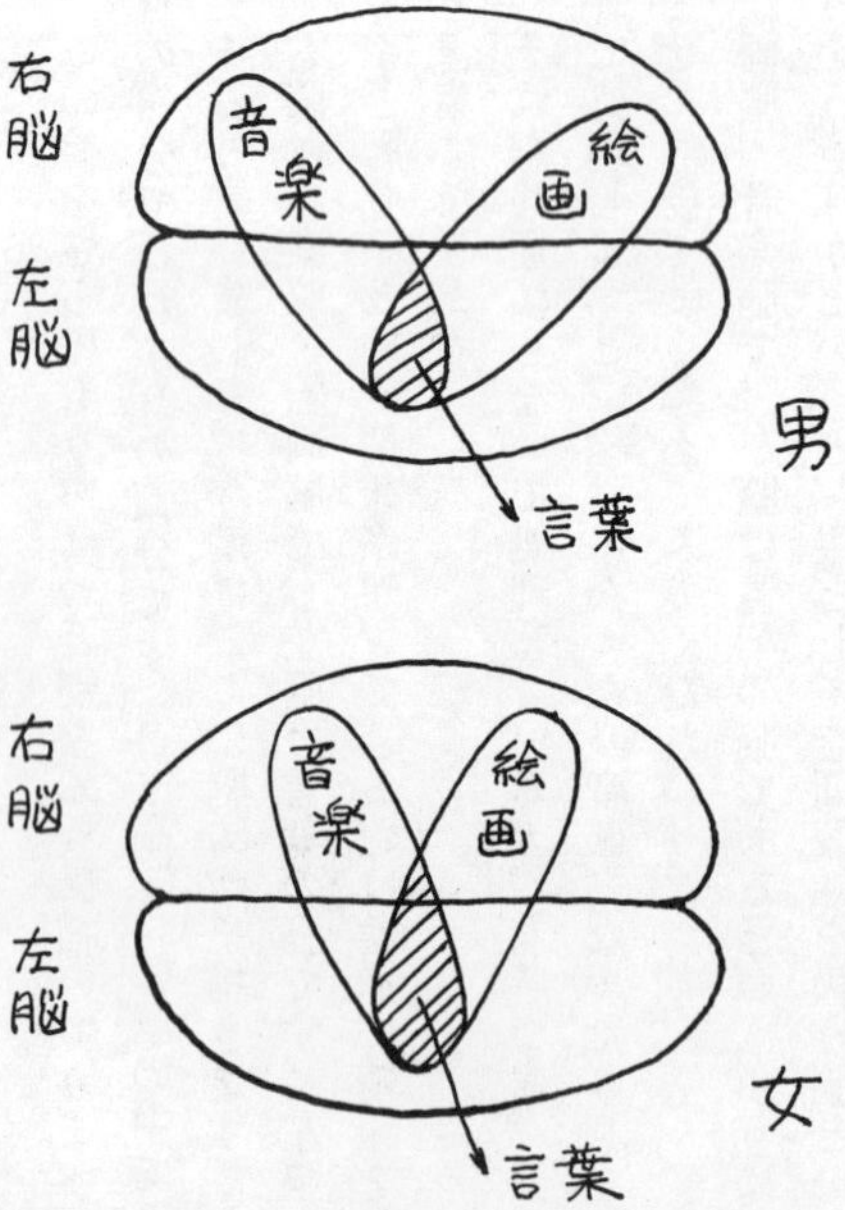

図３　右脳・左脳の役割と男女差：右脳は絵画脳、音楽脳で、左脳は言語脳。男より女のほうが言語能力に優れているのは、目と耳の重なりが大きいため。

空間認知の能力には、男の子と女の子とで差があるということが、昔からわかっています。どういうことかというと、ここに描いた二つの目と耳という楕円《だえん》が、男よりも女のほうがより閉じています。重なりが広いので、言葉の領域が大きいのです。極端な場合、左右の脳を言葉に使っている女性もあります。

ですから、言語能力中心の試験問題を作って試験をしますと、だいたい女の子が上から一〇番くらいまで全部占めてしまいます。学部によってはそれを嫌がる。典型的な例ですが、薬学部ではどうしているかというと、普通の試験で採っていくと上からずっと女の子になってしまうので、男の子を採るために、試験の中に必ず物理と数学を入れるのです。そうすると、たちまち別な結果が出るんですね。

これも昔から知られていることですが、左右脳を連絡している繊維、脳梁《のうりょう》と呼ばれている繊維ですが、これは女性のほうが大きいということがわかっています。つまり、右と左のつながりがよろしい。男の場合、右と左がどちらかといえば別々に働いている。ですから女性の場合、言葉は得意ですが、空間の把握能力が悪い。苦手なんです。

私の家は鎌倉《かまくら》の扇谷《おうぎがやつ》の奥にありますが、家に帰る途中に、横須賀《よこすか》線を渡るための細い道路があります。そこの道路が夜になると、細いのに両側通行になる。そこをよくタクシーで帰るわけですが、その道路を通っているときに向こうから車が来ると、なかなかすれ違えないのです。細いからつっかえてしまうのですが、ちゃんとやればすれ違えない道ではありません。相手の運転が下手《へた》なんです。だいたい向こうの運転を見てわかるのですが女の人だなあと予想すると、必ず女の人です。要するに車幅の感覚が明らかに悪い。

これは試験をやってみるとすぐわかるんで、空間認知能力を試験しますと、性差が出てしまいます。それと同じように言葉の能力を測りますと、先ほどお話ししたようにやっぱりきちんと性差が出てくるわけです。

話をすすめます。普通に暮らしていると、音楽と絵と言葉は非常に違ったものだというふうに考えますけども、今お話ししたように見ると、別に違ったものではないんですね。さらによく考えると、それらの境が曖昧《あいまい》だということがわかってきます。たとえば、さっき言葉の目寄りが絵だといいましたけれども、では、さらに言葉と絵の間にあるものは何だろうか。皆さんがよく知っている漫画なんか典型的にそうなんですね。

この形はもともと山だということはわかると思います（図4の右側）。これが漢字では「山」になるのですが、この段階では、まだ一種の漫画です。では漫画とは何かというと、アイコン（icon）です。アイコンというのは、小さなマーク。文字ではないんです。どうして文字じゃないかというと、アイコンはもとの物の性質を持っている記号だからです。これ、いくつか山があるということを示している。もとの物の性質がまだそこに入っていますから、アイコンなんです。わかりますか？

地図に載っている記号が典型的にそうですが、たとえば温泉マークは、池があって湯気が出ています。このように、もとの性質が一つでも残っている物をアイコンと言います。

アイコンは、ちょうど絵画と文字の中間に来ます。普通、文字は、漢字もそうですけど、最初は絵のようなものから始まる。それが長い歴史の中で、時間がたつにつれて絵からアイコンへ、さらにアイコンからもっと抽象的な形、すなわち文字に変化していきます。どうしてか。皆さんは考えたこともないかもしれませんね。

ていねいな辞書を見ると、昔の漢字の形がちゃんと描いてあって、それがこう変わってきたと書いてあります。しかし、どういうふうに変わってきたかはちゃんと書いてあるけど、なぜ変わってきたかは絶対に書いてありません。なぜ変わってきたか。これ、ちゃんと理由があるわけです。

たとえば「魚」という漢字があります。大昔は、誰でも一目で魚とわかるような形をしていました（図4の左側）。それが今では、「魚」という、勉強をしなければわからないむずかしい形になっています。

「魚」は「さかな」と読みます。英語だと「フィッシュ」、フランス語だと「ポアソン」。何で「さかな」と言うんでしょうか。つまり、我々が知っている、海や川を泳いでいる彼らと、「さかな」という音とは、どういう関係があるのか、という質問です。

別に、「さかな」でなくても「なさか」でも「さなか」でもいいはずです。「フィッシュ」でも「ポアソン」でもよかったはずです。そう、むちゃくちゃなんです。だから、この「むちゃくちゃさ」を、ソシュ

図4　絵が、漫画（アイコン）を通って、抽象化された漢字に変わっていく。

ールという言語学者は、言語の恣意性《しいせい》と言いました。音は、ほしいまま、勝手気ままについている、そう言ったわけです。

確かに、魚が「さかな」という音でなければならないという理由はないですよね。むしろ、そういう理由を探すなら、「パシャン」が一番いいわけです。魚がはねる音。これなら幼稚園の子どもにもわかる。さっきの絵、ないしアイコンと同じです。

しかし、一目でわかる形も、「パシャン」も、やがて「魚」という訳《わけ》のわからないものになってしまいます。なぜか。それは、先ほど言いましたように、目と耳が共通に処理できないと、「言葉」にならないからです。

図4の魚の絵をよく見てください。これが耳で理解できるか、ということです。目があって、えらがあって、尻尾《しっぽ》があって、こっちが頭で、こっちへ泳ぐというのは、これは目がない限りわからないことです。視覚でないかぎりわからない情報です。そうすると、目と耳と共通の情報処理規則で運営されるのが言葉ですから、それは言葉にならない余分な情報になります。目しかわからない情報は落ちていって、やがて訳のわからない形、つまり文字に変わります。

「パシャン」もまさしくそうで、「パシャン」が魚がはねた音だというのは、耳が聞こえない人にはわかりません。逆にいうと、耳にしかわからない情報です。耳しかわからない情報も、言葉の中から落ちていきます。近代言語は、完全にこういったいわば抽象的な形で成立します。そこにもう、きれいに、目と耳の共通の情報処理規則が言語だということがよく現れていると私は思います。

さて、言葉と絵画の間に漫画が出てくるわけですが、言葉と音楽の間にあるものは何でしょうか。昔から日本で和歌・歌と言われているもの、それから詩がそうです。外国でも詩は詩人が詠《よ》むものです。とすると、皆さんの知ってる歌の歌詞は言葉なのか。やはり言葉ではありません。やはり、言葉と音楽の間にある何かなのです。

どうして言葉ではないかというと、小さいときから知ってる歌、童謡ですが、「夕焼けこやけの赤とんぼ」っていうあれなんか典型的にそうですけど、僕なんか「夕焼けこやけの赤とんぼ、負われてみたのはいつの日か」という歌詞の意味が本当にわかったのが五〇歳くらいになってからです。誰が誰を追いかけるんだろうと不思議に思ってたんです。歌詞というのは意味をまったく誤解していてもいいんです。皆さんは知らないでしょうけど、昔「海ゆかば水漬《みづ》く屍《かばね》、山ゆかば草むす屍」という荘重な歌があったのですが、僕らの後輩は「海のカバと山のカバの歌」だと思っていた。それでもいいんです。

脳の左側に言葉の部位がありますが、怪我《けが》したり、脳卒中でここら辺をやられると、言葉がしゃべれなくなるという症状が出てきます（図５）。左側の前のほうです。これをブローカの運動性言語中枢《ちゅうすう》（ブローカ野）といって、そこがだめになって言葉がしゃべれなくなるのを運動性失語症といいます。ここが壊れたときに言葉が出ない。そうなった患者さんは自分で言葉がしゃべれません。言葉がわからないのではありません。「窓を開けてください」と言えば、ちゃんと開けられるんです。つまり言葉がわかってはいるんだけど、自分で話そうとすると話せない。

そういう患者さんに、今の「夕焼けこやけの赤とんぼ」を歌ってやると、患者さんはそのあとについて歌える。一緒に歌い出す。途中で医者がやめても続けて歌えるんです。だけどしゃべれない。つまり、言葉がしゃべれない病気で、歌はちゃんと歌えるところをみると、歌詞というのは言葉ではないというのがよくわ

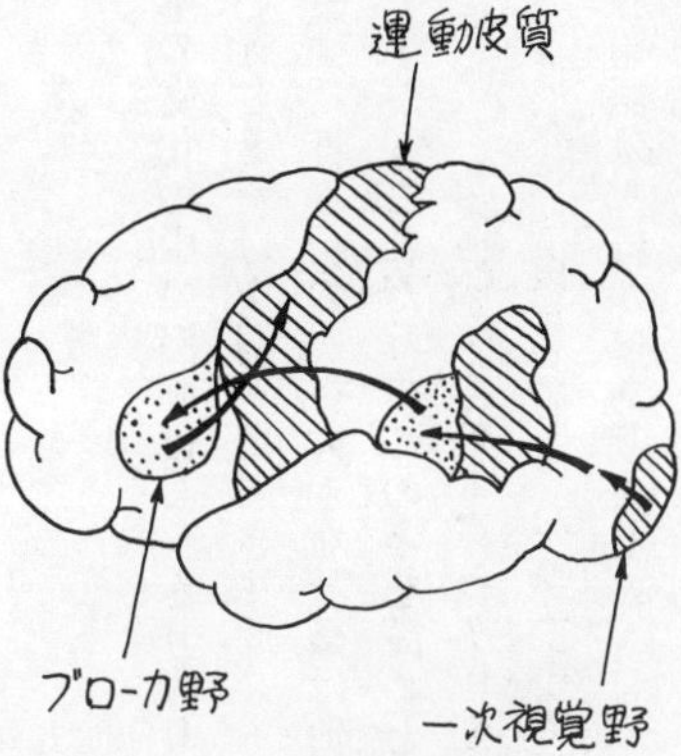

図５　ブローカ野が障害を受けると、人間は言葉がしゃべれなくなる。

かるんですね。

日本では漫画が非常にはやっています。日本の文化の中に漫画はしっかり入り込んでいますが、もう一つだけ、それはなぜかということだけを言っておきます。

このことは日本語の性質と深い関係があります。日本語の一番大きな特徴は何か。たとえば「重」という漢字です。当然のことですが、これだけでこの字を読めと言われても読めません。しかし「い」と送れば「重い」と読むことがすぐわかります。「ねる」と送れば「重ねる」。「大」と置いたら「重大」。「複」と置いたら「重複《ちょうふく》」。何と一個の字を四通りに読んでいます。こういう言語は、ほかにありません。日本だけです。中国に行ったら音読みしかありません。韓国も音読みしか採りませんでした。日本語のこのような読み方を我々は音訓読みと呼んでますが、これは日本語の最も大きな特徴です。これがあるために、日本語の読みは特殊な読みになっています。英語だったら、たとえば「READ」と書いたら「リード」としか読めない。いろんな方言がありますが、このアルファベットのひとまとめには一つの読み方しかない。それははっきりしてます。日本語はそうではありません。

普通、脳の左角回《かくかい》が故障すると、字が読めなくなります（図6）。ところが、日本人の場合は、ここが故障すると仮名だけが読めなくなります。でも、仮名が読めなくなってもたいして困りません。まだ漢字が読めるからです。皆さんも仮名が読めなくなっても、だいたい新聞はわかるはずです。見出しだけ拾って。漢字だけ拾えば、ある程度のことはわかります。

日本人の場合、脳の側頭連合野《そくとうれんごうや》が壊れますと、漢字が読めなくなります。このように、字が読めなくなる病気が二通りできるのが日本人の特徴で、一つは仮名が読めない症状、もう一つは漢字が読めない症状です。漢字が読めないと非常に困ります。読む能力は幼稚園の段階まで戻ってしまいます。

脳をコンピュータだとしたとき、文字図形があったときに、それにどういう音をはめるかが、日本語では一義的には決まりません。

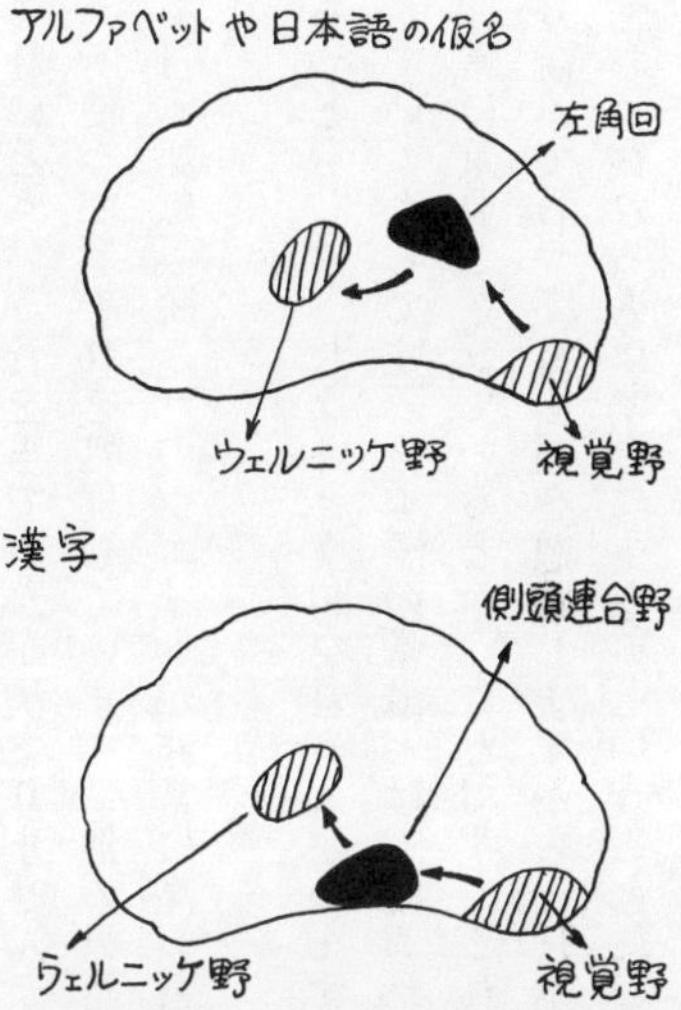

図6　日本人の場合、左角回が障害を受けると仮名だけが読めなくなり、側頭連合野が障害を受けると漢字が読めなくなる。

送り仮名までを読まないと、これにどういう音を当てるかが決まりませんから、非常に不安定です。我々は脳を二カ所使って、それを処理しています。他の言語ではこの必要がありません。したがって日本語は「読み」のウエイトが非常に高い言語といえます。

よく、英語を長年やってもちっともしゃべれないと文句を言う人がいます。それは、日本語の常識で外国語を勉強しているからです。日本語の常識とは、読めればいいということです。まず、読みが非常に重要とされているということです。これをそのまま外国語に当てはめて、つまり読みでもって外国語を勉強しますから、日本人で外国語を読める人は非常に多いが、しゃべれる人は割合に少ないということになるんですね。

ただし、おしゃべりは日本語は大変簡単になっています。たとえば日本語の母音は五つしかありません。タイ語だったらもっともっと、死にそうに多い。日本語はご存知のように四声《しせい》（四種類のイントネーション）がない。中国語にはある、タイ語にも声調がある。音の難しさがほとんどありません。そういう形で、音声としての日本語はずいぶん簡略化されています。

そのかわり、文字読みが大変ですから、江戸時代から日本語の勉強は「読み書きソロバン」って言うんです。最初に読みが来る。そのために、世界のほかの人たちと違って、倍、脳味噌《のうみそ》を使っている。そして、そのことが最終的に皆さんの漫画好きと関係を持ってくるんですね。

漫画というのはつまり、さっき言ったアイコンです。そしてこれに吹き出しがついているわけです。何を言っているかというと、絵が漢字の音《おん》の形で、吹き出しがルビです。吹き出しの中は音《おと》です。基本的に音声ですから、この中には、難しい字は書かない。できたらひらがなが望ましい。音ですから。それを漫画家はちゃんと知っている。

一番いい例が、高橋留美子の「うる星やつら」。チェリーって坊さんがいて、どなっているわけですよ。どういうふうにどなっているかというと、「揚豚!」とどなっている。これはいけません。なぜかというと、吹き出しにこんな難しい漢字を使うのは、ルール違反です。音ですから、本来仮名を書かなきゃいけない。だから実際に、ちゃんとルビが振ってあります。「カツ」ってふってある。なぜ「カツ」かっていうと、揚げ豚でフライドポークだから、「カツ」です。もちろん本当は「喝《かつ》!」ということです。

そうすると、この吹き出しの中だけが、すでに漫画になっている。わかるかな。これが漫画です。つまりある意味を持った図形があって、それに音が当ててあるんです。それで皆さん笑っているんです。これ、漫画そのものです。高橋留美子さんが漫画とは何かを知ってるということが、この一コマですぐわかるんですね。

皆さんは、小さいとき、小学校から漢字を習ってその読みを習う。日本文の読みを習うことは、基本的には漫画の読み方を習っていることになります。ですから、どんどん漫画を読むようになる。それだけのことなんです。そういうふうな読み方をする言語が世界の他にあったら教えてほしい。私は探しているんですが、ない。ベトナムがかつてやっぱり、ある程度訓読みを持っていたと言われていますが、一九二〇年代からアルファベットに切り換えてしまいました。もう漢字を使わないので、

図7　高橋留美子「うる星やつら」より。下の漫画では、吹き出しの中がすでに漫画になっている。

ベトナムに音訓読みはありません。そうすると、こういう言葉は、今のところ私が知っている限りでは日本語しかないんです。それが今申し上げた通り、いろんなものを読むときに脳を二カ所使う。それは非常に変わった言語です。それが今申し上げた通り、いろんな面で影響を及ぼしているわけです。漫画、流行、あるいは、いわゆる日本人の外国語下手といわれる現象。読めるのにしゃべれない。日本人だから、これはまあ仕方がないですね。

いろんな話をしてきましたけれど、最後に、脳の働きの代表としての言葉を取りあげてみました。その前に「からだ」の話をしました。その両方を頭の中で折り合わせるのはなかなかむずかしいと思いますが、結局「ことば」で代表される「こころ」の働き、それと「からだ」の両方を合わせたものが人間です。これから勉強していくときに、そういう物の見方をして頂ければというつもりでお話ししました。

［生徒からの質問1］

生徒　先ほど「死」の基準についてのお話があったんですけども、養老先生は、他人の死の基準をどこに置いていますか。

養老　「死」の基準ですか。それはまず、今あなたがおっしゃっている「死」ということ自体が、すでに変ですね。自分でその質問がちょっとおかしいって気がついているでしょう。だって、死の基準をどこに置いていますかって言ったら、あらかじめ「死」とは何かがもうわかって言っているわけですから。

生徒　……。

養老　「あなたは死の基準をこう置くけれども、それと私の考えている死の基準は同じですか」という質問ならわかりますけれども、あなたは暗黙の内に、一般的な死を前提にして今の質問をしているわけでしょう。僕が今日お話ししたのは、実はよく考えてみると、そういう基準というのはなくなっちゃうんですよということです。だから、逆に我々は約束事としてそれを法律で決めていると言ったんです。いいですね。

ですから国会で、脳死を死として扱っていいかという議論をやったんです。逆にいうと、死っていうのは論理的には決められないものだけれども、社会的な約束事としては決まっているということです。我々が住んでいる社会では、それは、単に決めているわけです。だから、そのときの都合によって死の基準を動かすことになるわけです。相談をして。

まだあなたの頭の中では、死というのは事実としてちゃんとあることであって、しかも決まっているはずだと思っている、と僕は思います。そうでしょ。だけどもそれを論理的に考えていくと、つまり目の前に死体があって、この人が本当に死んでいるかっていう議論を、その前で始めたらわかりますが、死んでないかもしれないんです。そうすると、いったいどこで死んだことになるんだろうっていうことです。それについては非常に古くから議論があるんです。日本の場合だと、形が完全になくなるまではしょうがないというのが、昔の人が出した結論でした。

もう一つ、ひょっとしてあなたたちは、死っていうのはある瞬間じゃないか、死亡時刻と言うじゃないかと思っているんではないでしょうか。私は死は瞬間ではなくて、経過だという考え方を取ります。そうでしょ。呼吸が止まって脳が死んでいって、その後たとえば腎臓《じんぞう》が死んで、筋肉が死んで、皮膚が死んでいくと、それには何日もかかる。しかし、死をそういうふうな経過だと考えると、生まれてから死ぬまで、人間はゆっくり死んでいくって言ってもいいんです。要するに死の経過を長くとれば、生まれる前からずーっと死ぬまで一生が、死と同じになっちゃうんですね。

［生徒からの質問2］

生徒　言語についてなんですけど、言語から文化が発生する、また逆に文化から言語が発生するという話を聞いたことがあるんですけど、それについて先生はどうお考えですか。

養老　言葉の特徴が文化の特徴をかなり強く決めてしまうことは、間違いないと思います。先ほどお話ししたのは、日本語の特徴のほんの一例ですけれども、日本文化の中にそれに相応する特徴がやっぱり出てくる。言葉はだから文化の非常に大きな要素です。

けれども、言葉だけが文化の要素ではない。それははっきりしていると思います。特に日本の文化というのは「言葉にしない」ということをずいぶん重要視していました。だから、以心伝心という言葉があるんですけれども、それは何かというと、たぶんですね、日本の文化は一方に「言葉」を、もう一方に「所作《しょさ》」、まあこう言ってもいいですが、こういう二つの方向を持っています。別の言い方をすると、「所作」は「体の言葉」です。修行や道《どう》で重要なのは、体の言葉です。お茶やお花、あるいは剣道でも柔道でも何でもそうですけど、道と呼ばれるものでは、すべて体の言葉を習う。そしてその修業が最終的に完成すれば「型」になります。ただしこれは雛形《ひながた》という意味ではなくて、道の型というのは、常にある立ち居振る舞い、つまり身体《からだ》の所作のことです。それで何かが通じるんであって、それは言葉じゃないわけです。

［生徒からの質問３］

生徒　個人的な質問なんですけれども、先ほど「脳」の標本を持っていらっしゃると伺《うかが》ったんですけれども、それってどんな感触ですか。

養老　別に何ということはありません。つまり、脳なんてですね、世界中に六〇億くらいあるんで別に珍しいものでも何でもないんです。皆さんも全員、一個は持っている。

生徒　あの、感触を。たとえば豆腐みたいだったとか。

養老　よく、豆腐みたいっていいますけど、それはもちろん豆腐とは違います。だけど非常に柔らかいものです。それから生きているときと死んでいるときではもちろん違うわけですが、生きている脳はいじれません。なぜいじれないかっていうと、うっかりいじりますと、浮腫《ふしゅ》を起こしてきて急激に膨らんでしまいます。水を含んで、むくんでしまいます。脳はそれが一番怖い。ですからそんなに普通にいじれるもんじゃない。そういうのを本当に知りたかったら、解剖してみればいいんですね。人間じゃなくたって動物でもちゃんともってますから。

現代の学生を解剖する

神奈川・大磯《おおいそ》プリンスホテル

1999.6

解剖というのは、学生さんとつき合う時間が非常に長いのです。東大医学部のカリキュラムですと、六〇数回実習がありまして、その一回が午後半日を費やします。六〇数回ということになりますと三カ月ぐらい学生とじかにつき合うことになります。いろいろ問題も生じます。一番大きなトラブルは精神的なもので、入院される学生が年に一人ぐらいは……という感じでした。そして、そういう相談はどうしても解剖の教師である私のところへきます。

学生指導をやり始めてから一番私がびっくりしたのは、盲信的な学生でした。ある学生が私のところへやってきて「先生、お願いがあるんですが……」と言うので「何だ?」と聞いたら、「実は富士宮《ふじのみや》で尊師が水の底に一時間いるという公開実験をいたします。ついては立会人になっていただきたい」と。

私は何の手品をするのかなとまず思ったわけです。そもそも富士宮がどこにあるのかわからない。尊師っていったい誰だ？　それで「あんた何やってるの」と聞きましたら、「ヨーガをやってます」と。

ああなるほど、ヨーガをやっているのか。それで多少わかって、いろいろ聞いてみました。「ヨーガをやって何かいいことあったの」と聞いたら、「いいことがありました。食欲がなくなって性欲がなくなりました。一日二食で済みます」とこう言うのです。

私は変な学生には慣れていました。先ほど申しましたように、解剖実習の間におかしくなる学生もときどきいます。そんな学生をしょっちゅう面倒見ていたからです。一般的に私はそういう学生がきますと、すぐに精神科の外来に電話をしまして、「これから学生をやるから頼む」と、こう言うわけです。ところが、この学生はそういう意味ではおかしくない。そのときは電話をしませんでした。どうみてもこれは精神科扱いではない。

そこで話を続けておりましたら、「うちの道場では空中浮遊なんか日常的です」と、やはりこう言ってくるのです。空中浮遊というのを私はそのとき初めて聞きました。何か体が宙に浮くらしい、ということがわかったくらいです。

人間の脳というものは一時間どころではなく、五分間酸素の供給、つまり血液の供給を絶てば、回復不能の障害を起こしてくる。そういうことを学生に教えているのに、それを知っている学生が何で水の底に一時間いられることを疑わないのか、これがわからないのです。そのこと自体が私にとってはたいへんなショックでした。要するに、私たちがいわゆる科学的知識として教えていることと、尊師が水の底に一時間いるということが頭の中に並列している。並列してもおかしくないという学生が存在するということが、私にとっては本当に驚くべきことであったわけです。

以前からこのような兆候があることは知っていました。一つは臨死体験です。多くの方はご記憶がもうないかもしれませんが、立花隆《たかし》さんがＮＨＫで臨死体験の番組をやりました。そのせいかどうか、あの前後から若い人、助手クラスの人、大学院クラスの人が集まるとオカルトの話をしているのがよく見られました。あれがまず私が気になったことです。特に理科系の大学で、ごく普通に起こっていたことです。

臨死体験が一時ブームになりまして、私のところにも電話がしょっちゅうかかってきました。どういう電話かといいますと、臨死体験についてご意見を伺《うかが》いたいとの内容です。私はばか丁寧に対応しました。「あれは神秘体験だというような意見が広がっているが、それはまったく違う」ということを説明するのにだいたい一五分。それでも同じことを何度も質問され、最後は嫌になって、「私はテープレコーダーではないよ」と。すでにそういう時代でしたから、その延長に来るべきものが来たという感じではありました。

先ほどの学生の話に戻りますと、日大で宇宙航空医学を教えている私の同級生が話の途中から入ってきました。その同級生が学生と私のやりとりを聞いて何を言ったかというと、「何、飯を食わない!! 体が宙に浮く？　それはお前さん、宇宙飛行士にはもってこいだ」。それを聞いて学生は帰ってしまいました。

しかし、このことは本当に私にとっては非常に大きな体験で、いったいどうしてこういう学生がいるのか、この人の頭の中はどうなっているのだろうかと感じたわけです。

知ることとは、どういうことか。この問題がこうした盲信的な学生と深くかかわっているのですね。

一般に知ることというのは知識を増やすことと考えられています。しかしもちろんそうではありません。私はよく学生に、自分が癌《がん》の告知をされたときのことを考えてみなさいと言います。「あなた癌ですよ」と言われるのも本人にしてみれば「知る」ことです。しかし、「あなた癌ですよ、せいぜいもって半年です」と言われたときにどうかということです。

あと半年ということを宣告されてそれを納得した瞬間から、自分が変わります。ですから、知ることというのは、実は自分が変わることだと私は思うわけです。

しかし現在では、知ることは自分とはまったく無関係のできごとになったのではないかと思うのです。私がかつて、東京大学出版会の理事長をしていたとき、一番売れたのが『知の技法』という本です。この本が何で売れたのか。ハタと思い当たりました。まさしく知は技法に変わったんです。技法ということはノウハウです。どういうふうに知識を手に入れるか、どうそれを利用するかという、そういうものに知識が変わってきたんだなということです。だから知ることが自分にかかわりのあるものではなくなって、まったく自分に害のないものになったわけです。

癌の告知を学生に教える例を取り上げましたが、現実の話としても、患者さんが告知に耐えられるかどうかということは、実は最大の問題であります。東大病院でもそうですが、一般に癌の患者さんが入る病棟では飛び下りが絶えないということもあり、ついに精神科と同じように窓をいっさい開かなくしてしまいました。そういうものです、人は。ですから、本当は知るというのは危険を伴うことなのです。体力がない人に労働させるのと同じことです。

しかし、親は恐らく子どもに勉強しなさい、勉強しなさいと言うでしょう。これは、学問が安全なものだと信じ切っていることを意味します。そういう意味で、知がやはり世間全体で変質してきたのではないかと思います。

癌の告知を例に考えるとよくわかるように、知るということは自分が変わるということでもあります。多かれ少なかれ自分が変わるということです。自分が変わるとはどういうことかと言いますと、それ以前の自分が部分的にせよ死んで生まれ変わっているということです。しょっちゅう死んでは生まれ変わっているのだから、朝そういう体験をして、夜になって本当に死んだとしても、別に驚くにはあたらないだろうというのが、有名な「朝《あした》に道を聞かば夕《ゆうべ》に死すとも可なり」の意味ではないかと、私なりの解釈でそう思っています。

本来、知とはそういうものであったはずです。論語に書いてあるとおりです。ですから、学問にはしばしば害がある。ここは大磯ですから隣に二宮尊徳《にのみやそんとく》の出身地がありますが、尊徳の時代にも百姓に学問はいらないと言われたはずです。それは、知るということの裏表がよくわかっていたからだろうと思います。学問をすることが必ずしもいい結果になるとは限らない。知るということは、決して、必ずしもいいことではないということは昔の人は知恵として知っていたと思います。

しかし現代では、ご存知のように、よく言えば教育が普及しました。それと同時に知というものは非常に安全化していきます。安全化せざるをえないわけですが、そうすると、今のようなことが起こってくる。すなわち、知というものが自分自身と分離してくるのです。自分と分離した知というのはおもしろくない、これは当たり前です。だから今の学生は、勉強するのがおもしろくないと言います。自分に何のかかわりもないことをやらされていると。

これは、学問とは何かというかなり本質的な問題ですので、これ以上面倒くさいことを言うつもりはないのですが、今のままの教育でいいとは思っておりません。ただ学生の皆さんには、知ることは危険なものだということを、もう少し言っておいていいのではないかと思います。

私は、実は四日ほど前にラオスから帰ってきました。ラオスに一〇日間おりまして昆虫採集をしてきました。そういうところに学生を連れて行けたらいいだろうな、と思います。なぜなら私が行っておりましたところはラオスの田舎ですから、私の母が育った環境とほとんど同じです。農村で水田があって、牛と馬がいてという、年配の方はおわかりだと思いますが、典型的な過去の日本です。

そういうところへ行きますと、私はホッとします。今の学生にそういうところを見せてやりたいと思う。しかし恐らく連れていけないだろうと思います。マラリアになったらどうするか、住血吸虫がいるがどうするか、A型肝炎になったらどうするかと、ありとあらゆることを考えなければなりません。つまりここにも非常にはっきり出ていますが、「知ること」は危険と背中合わせなのです。

しかし、それでは危険なことをいっさい避けて学習指導ができるのか。さっき私は解剖の例を出しましたが、解剖をやりますと、一〇〇人学生がいれば一人ぐらいはおかしくなったりもします。これは弱い学生だと私は思っています。弱いという意味は精神的に弱いということで、だからある意味では仕方がない結果としてこれまでやってきました。

けれどもご存知のように、「仕方がない」という言葉は戦後ずっと使われなくなっていました。私はよく言うのですが、都市化が進んできますと、「仕方がない」という言葉はどんどん時代遅れになってきます。なぜなら都市の中では、すべてが人工物、ありとあらゆるものが人間によって意図的に作られたものですから、そこでは仕方がないというセリフは成り立ちません。

実はさっきから手をすりむいた跡を見ているんですけれども、ラオスで山の中を歩いてましたら穴ぼこへ落ちて転びました。これが銀座の真ん中でしたら誰がこんな穴を掘ったんだと、私は怒るわけです。都会に住んでいる限り、物事は人のせいにできるのです。しかし、ラオスの山奥で穴ぼこに落っこちて転んだとしても、文句を言う相手がいません。だから、田舎にいますとしばしば仕方がないという言葉が出てくるのです。

今や、仕方がないというのは、自然の災害などにあったときに最終的に言う言葉です。戦後ずっと、私たちが暗黙のうちに受け入れてきたのは、「仕方がないと言うのは時代遅れだ」という教育だったと思います。これは端的に言って、日本がひたすら都市化してきたということを意味します。その中でどんどん子どもたちが育ってきます。

次に、よく言われるバーチャル・リアリティについて。よくテレビの世界はバーチャルで、現実の世界とは違うと言われますが、そうではないのです。

なぜならば、現在の都市生活そのものが、私は基本的にバーチャルだと思っているからです。第一に、夏の暑いときでも部屋の中にいれば暑くない。クーラーを入れているからです。冬の寒いときでも建物の中にいさえすれば暖かい。これは暖房のおかげです。

よくお話しするのですが、浄土三部経《じょうどさんぶきょう》という経典があります。三つのお経です。そのうち無量寿経《むりょうじゅ》には、極楽とはどういうところかが書いてあります。極楽の説明のいちばんはじめに、暑さ寒さのないところと書いてあります。暑さ寒さのないところとは、まさに我々の日常の世界ではないか。これは古代インド人の極楽だと私はいつも言っております。それがバーチャルでなくて何がバーチャルかと。古代インド人にしてみれば、現代生活というのはまさに夢の世界なのです。

バーチャルだということは、リアリティがないという言い方もできるわけです。きわめて安全で、平和ですが、都市というのは基本的に人間が頭で考えて作る世界です。したがって、そこは実はテレビの中と同じではないかということです。そうすると、今の学生や子どもだけが特にバーチャルな世界に浸っているわけではないんですね。

幼い子どもがテレビ漬けになっています。親が子どもをみる時間が減って、そのぶんテレビが親の代わりになっている。では、テレビと実際の親の違いは何か。子どもがテレビを見ているときにさまざまな反応をしますが、テレビは反応しません。これが生身の親と一番違うところだと思います。

つまり、生身の親と子どもがやりとりしているのであれば、親は怒ったり笑ったりさまざまな反応をしますが、テレビは子どもの動きにつれて反応するのではなくて、自分で勝手に笑ったり怒ったりする。これに問題があるということは、アメリカあたりでも最近、指摘されています。

一つは口承《こうしょう》文化の問題です。口承とは口で伝えることです。ご存知のように、人類の文化というのは口伝えの文化から文字文化に移ってきた。口伝えの文化が長い歴史を持っていて、その上に文字文化が成立してくる。人が育つ過程も同じだろうと考えられます。

初めに会話、言葉のやりとりがありまして、やがて子どもは文字を覚えていく。口伝え、会話、口でのやりとり、そういった世界が十分成熟した段階で文字に移るのが自然ではないのか。ところが、そういった口伝えの段階、人類史でいえば口承文化の時代が、今の子どもたちにはなくなっているのではないか、それをテレビが肩代わりしているのではないか、というわけです。

親が子どもの相手をしなくなったということでもあります。暇がない、子どもが静かにしているから、その他さまざまな理由があるでしょうが、ともかく子どもを実質的にテレビ漬けにしています。テレビはやりとりのない一方通行ですから、口語が発達しない。そうすると土台がないからちゃんと文字を教えることもできない。そういう危惧《きぐ》を抱いている人が増えています。

次に考えなければいけないのが、こういった情報、テレビに代表されるような情報、これは何かということです。先ほどの「知るということ」と実はこれは深く関わっています。学校教育もそうですが、端的に授業とは何かというと、情報を伝えることだと思うのですが、そもそも情報とはいったい何か。

妙な例ですが、私たちは物を見ます。目は人間が一番よく使う器官の一つで、脳の入力の四割は視覚入力が占めているという計算があります。その目が物を見るとき、たとえば本を読むときに文字を目で追います。では文字を目で追ったときに本は動くかという質問です。当然のことですが、動きません。

ここに、「学生生活指導主務者研修会」と書いてある看板があります。これを読みましたけれども、その都度私の目は動いています。学生生活……と私は目を動かして読んでいきますが、この看板は動いていません。当たり前だとおっしゃるかもしれませんが、目玉のかわりにテレビカメラを考えてみてください。

素人《しろうと》がビデオカメラを初めて買って、犬とか子どもを映します。そのビデオを見せられますと、見てるほうは船酔いしてしまいます。見られたもんではない。どうしてかというと、動いている子どもをずっと追いかけるからです。動いている子どもをずっと追いかけますと、ビデオカメラの中で背景が全部動いてしまいます。本人は動いている子どもを撮影しているつもりなんですが、子どもは画面の真ん中で止まって足踏みをしていて、背景だけがずれていくという状況です。

ＮＨＫの人に聞きましたけれども、局に入った新人が最初に受ける教育が、カメラは動かすなということ。特にビデオカメラは動かしてはいけない。普通のカメラを動かしたらボケてしまいますが、ビデオカメラも動かしてはいけません。きちっと止めているわけです。そうすると背景は止まっていますから、中でちゃんと子どもが動いていきます。これが普通に我々が見ている世界です。素人にいきなりビデオカメラを持たせると、動いている対象に向けて、自分の目玉と同じようにそれを追跡してしまいます。だから、見ているほうは目が回る。

目の解剖の説明をするつもりはありませんけれども、目というのはカメラとそっくり同じ構造をしていることは恐らくご存知だと思います。だから、文字を読んでいるとき、実は本のページ、つまり文字の背景も一緒に動いているのです。こうやって「学生生活指導主務者研修会」と読んでいるときに、文字を順繰りに我々の目は追っている。しかしそのときに背景が動いているという意識はないはずです。それは、我々の脳が本を止めてしまうからです。つまり我々の網膜に映っている像は、その都度ちゃんと動いている。しかし、脳はそれを動いたと言いません。すなわち脳は背景を止めてしまっています。

どうしてそれを止めることができるのか？　難しく言うと、視覚には中心視野と周辺視野がありまして、中心視野は動きますが、周辺視野はそのとき止まっています。しかし、実際に目に映っている像はもちろん動いています。これは一種の手品です。どうしてそうなるのか私も知りませんが、脳のはたらきに違いないということが言えるだけです。

次に、これも最近、あちこちで言っていることですが、すべての情報は止まっているということについて。

テレビを見ていますと、あたかも情報が生きて動いているように感じてしまいます。NHKのニュースは毎日、毎日変わります。毎日、毎日変わりますが、飛行機に乗ると、その日七時に録画したニュースをよく流しています。あれは実際、最初にやっていたものとまったく同じです。録画することで情報が止まっているのです。もっと極端な例を言いますと、夜のニュースでアナウンサーがニュースを読んでいます。あれをビデオに撮りまして一〇〇年後に見るとします。アナウンサーもお年をとって百何十歳の老人がニュースを流しているかというと、そんなことはありません。相変わらず今のままです。つまり、根本的に情報というものは停止したものです。

現在の常識ですと、新聞、テレビ、雑誌など全部含めてメディアと呼びます。どうしてメディアと言うのでしょうか。メディアとは仲介とか媒介というような意味です。人間と人間という非常にしっかりした実体がここにあるとしますと、その間をメディアが飛び回っている。こういうふうに考えることができます。ですから情報というのは軽いもので非常にたくさんあり、しばしば情報過多を起こしてしまう。こんなふうに考えることもできます。

しかし、私はちょっと違うのではないかと言いたい。メディアとはいったい何かと言いますと、これは実体です。なぜなら全然動かないで、カチッと固まっているからです。逆に人間こそ、情報の周辺にひらひらまとわりついている波のようなものです。なぜなら同じＮＨＫテレビのニュースでもいいし、テレビドラマでもいいのですが、何回流しても内容は同じですが、それを見ている人は、泣いたり、笑ったりと、そのつど違う反応を示しています。したがって、我々が情報と呼んでいるものはしっかり固定して動かないものであり、逆に人間というのは変転極まりないものなのです。

つまり情報過多というのは何を言っているのかというと、死んで動かないものが非常に増えて、生きている人間がどんどん薄くなっていく状態を意味するのではないかと思います。情報が多いということは、物事が死んでいるということです。NHKのニュースになっていることを意味します。

たとえば天安門《てんあんもん》事件がありました。天安門に集まった人は恐らく一〇〇万人ぐらいです。ではその一〇〇万人一人ひとりに意見を聞いたとすると、実際には不可能ですが、いろいろなことを言うと思います。それを全部集約して、ただ一言で天安門事件と言ってしまう。そうすると、何かが起こったことはわかりますが、実際にどのようなものだったかを確認しようとしても、そんなことはできません。

常に、それを縮めて一言で「天安門事件」と表現したものが情報であり、ニュースです。私はそれを固定点と呼んでいます。情報というのは固定点である、つまり物が止まっている点だということです。

我々が物を見ているとき、その周辺、背景は止まっています。逆に、我々が世界を考えるときに、なぜ情報を使うかというと、止まったものを使わないと、我々には物が見えない、考えられないからです。

生物を実際に観察している方でしたらよくおわかりだと思いますが、培養細胞を、たとえば一分一コマで映画を撮りますと、ものすごい勢いで動いているんですね。そんな動き回っているものを頭で整理することは不可能です。なぜなら姿形が静止しないからです。絶えず形を変えていますから、それを絵に描くとしても、ピンボケの絵にしかなりません。つまり、止まっていなければ記述できない。すべての記述、すなわち情報というものは、基本的に固定された点なんです。

これに対して、世界は絶えず動いています。『平家物語』の書き出しは、ご存知のように「祇園精舎《ぎおんしょうじゃ》の鐘《かね》の声《こえ》　諸行無常《しょぎょうむじょう》の響《ひびき》あり」です。しかし現代の世界は恐らく諸行無常ではありません。なぜなら情報過多だからです。情報というのは諸行無常ではありません。永久に残ってしまいます。聖書という一冊の本が今なお残っています。ピラミッドもいまだに残っています。あれも一種の固定された情報です。そういうふうに考えると、建築物もそうです。ですから人間というのは、そういう固定点をむちゃくちゃに増やしていく動物であるとも言えると思います。

一方、若い人の立場で考えますと、そういう固定点が非常に増えた世界に、最初から否応《いやおう》なしに放り込まれたことになる。非常にかわいそうだという気がします。身動きのできない固定点の中に放り込まれて、「生きもの」として生きることがどんどんむずかしくなっている。だから知育偏重が問題だとか、ゆとりの教育が必要だとか言われるのです。しかしこれだけ情報を増やしておいて、ゆとりの教育というのは無理です。情報というのは、実は固定した死んだものだということを、むしろ大人が常識として心得ていなければならない。そうでないと、若い人は救われません。

私たちが見ている世界は、むしろメディアが作っている世界です。コソボで何が起ころうと、実際に私の人生にほとんど関係ありませんが、新聞はものすごく大きく書きます。私の領域で申し上げますと、脳死問題がそうでした。

我々の世界像がそういった情報によっていかに左右されているかということです。情報は、我々が世界をとらえるためのある種の便法でありまして、けっして世界そのものではない。逆に言えば、情報は固定されたものだからこそ、便法として役に立つのであって、けっしてその逆ではありません。

情報は固定されている。変わるのは人のほうです。特に若い人、子どもは絶えず変わっていく。しかし、もし社会の中で、人間がそうやって絶えず変わっていくということを容認すると、社会が成り立ちません。どういうふうに成り立たないかというと、たとえばきのう金を借りたのはおれではない、と言うことができるからです。

実際に日本で起こっている現象で、いわゆる死刑囚の問題というのがあります。日本の裁判は非常に長くて、刑の執行までたいへん時間がかかりますから、当然のことですが、刑務所に入っている間にその人の人格が変わってしまいます。前のことを知らない人は、だから、何でこんなにいい人を死刑にしなければいけないのかという話になります。それは当たり前です。人は変わるものですから。

本来動いてやまないものを、我々はつい動かないものと錯覚する、そして本来動かないものを軽々しく動いているものだと思い込む。そこに知の軽さということが出てきます。

江戸時代の人は逆の意味で情報の重要性をよく知っていたのではないかと思います。江戸の制度を封建制度とよく言いますが、私にはそういう社会的な見方ができません。そもそも理科系ですから、どう見るかというと、江戸は情報統制社会であると見ます。鎖国政策はその典型で、なぜ人の出入りを止めたか。簡単です。人間というのは見ようによっては情報の塊だからです。情報の塊が自由に出たり入ったりすると何が起こるか。情報処理の問題です。

当時、コンピュータがあるわけではないし、電話があるわけでもなく、情報処理がたいへんだった。しかし、これがうまくいかないと政治制度が安定しません。ですから恐らく情報を幕府は徹底的に統制した。それでは幕府が外国からの情報に無知であったかというと、逆です。新井白石《あらいはくせき》の書いたものをみてもよくわかりますが、幕府の要人が西洋人に会って自分自身で尋問し、自分の判断を下しています。

そういう意味で、江戸期はむしろ情報重視の時代であった。非常に重視したからこそ「武士の一言《いちごん》」と言ったわけです。一度言ったことは絶対に守る、これは信義が問題だというふうに考えられていると思いますが、私はそうではないと思います。情報というものは固定して動かないということを、そういうかたちで教えたんだと思います。一度言ったことは戻りませんよ、と。書いてしまえばもっとよくわかります。消えないのですから。墨で書いてある法隆寺のお経は、一〇〇〇年経《た》っても残っています。

ここまで、今の学生さんが置かれている現代社会というものの難しさを、自分なりに説明したつもりです。

次に、根本的に私たちの文化が持ってきた子育てや教育の考え方とは、どういうものだったのかを考えてみたいと思います。

その前に、現代社会、特に戦後の日本というものがどういう変化をしてきたのかというと、それは都市化以外の何ものでもないというのが私の意見です。私はこれを脳化と呼んでいます。脳が化けたんだ、と。

街がそうです。だいたい建物全部がそうで、必ず設計者がいて、設計図どおりに作られています。ということは、今皆さんが座っておられる空間は、図面を引いた設計者の頭の中に出てきた部屋です。あるいはインテリアデザイナーが絨毯《じゅうたん》を選んだりしますから、デザイナーの脳の中、建築家の脳の中に今いるのです。都市空間というのは、完全にそういった性質を持っています。人間が都市空間を作るときは、完全な人工空間を好みます。東京ですと天王洲《てんのうず》、横浜ですと「みなとみらい」、江戸の下町は完全な人工空間です。埋め立て地ですから。

大阪だと関西空港が典型で、日本の都市化を象徴している。そこは人間の作ったものしかない世界です。その世界の中に子どもが入ってくる。子どもは考えて作ってないので、典型的な自然です。もちろん子どもを産む、産まないという意味では確かに考えてのことかも知れませんが、子どもには設計図がないということです。こういう子どもを作りたいと思ってもできません。子どもというのは勝手にできて勝手に育っていく、典型的にそういうものです。

さらに言えば、都市化するとなくなるものは、生まれて年をとって病気になって死ぬこと、つまり人の自然です。都市空間の中では、これが全部なくなっていくのです。現代医学の問題は全部これに含まれています。人が生まれるところはいまや全部病院です。お産婆《さんば》さんの看板はほとんど見なくなりました。ということは、子どもは家で産まれるものではないということです。

私が学生の頃、産婦人科の最初の講義で開口一番、教授が「お産は病気ではない」とこう言いました。お産は病気ではないということであれば、家で産んでもいいわけですが、今では家で産む人はまずありません。全員が病院。お産は「病気」になりました。

産む、産まないは親の勝手だというのは、極めて一方的な見方だと思います。どういう意味かと言うと、子どもの身になってくださいということです。クローンで産まれようが、人工受精で産まれようが、ともかく子どもにしてみれば自分の意思で産まれたわけではありません。産まれること自体が自然なのです。

ある日気がつくと自分が産まれている。子どもは年ごろになるとそれに気がつきます。だからそのとき、「頼んで産んでもらったわけではない」と憎まれ口を利《き》く。親がそれに言い返す言葉は、「おれだって同じだ」でしょう。それが自然ということです。

生きていますと、どんどん年をとります。今、高齢社会が問題になっていますが、私には高齢社会の到来はわかりきったことでしたから、問題でも何でもありませんでした。なぜそんな乱暴なことを言うかというと、それがいかに都会の人のわがままかということを知っているからです。私はしょっちゅう山奥へ行きますから、過疎《かそ》の村へ行ったら、七〇歳代のばあさん三人だけで生きているなんていうのは普通にあります。今さら何が高齢社会だと。とうの昔に始まっているんです。

私は昭和三〇年代、インターンだったときに、奄美《あまみ》大島へ行っておりました。検診ですから、島中全部回りました。そこの人口構成を全部知っていましたが、非常に特徴的でした。中学校までの義務教育の子どもたちはたくさんいましたが、四五歳以上の成人もたくさんいます。スポーンと抜けているのが中学卒業から四五歳までの働き盛りで、全員が大阪、神戸に出ていました。当時も奄美は子どもを除けば老人社会、高齢社会だったんです。ですからこれから高齢社会が来るようなことを言うのは都会のジャーナリストだけです。自分が住んでいる世界だけを見ての話です。

病気の話になると、私が医学部ですから際限がなくなってしまいますが、最近、病気は人為的なものという考え方が強くなっています。つまり病気は人のせいになってきています。O—一五七の報道シーンを、私はよく覚えています。たまたまテレビのニュースをつけていますと、大阪・堺《さかい》市の病院に子どもさんが入院し、お母さんが病院に入っていくところを映していました。テレビの記者がマイクを突き出して意見を聞いています。お母さんが吐き捨てるように一言言うんです。「この責任だれがとってくれるのよ」と。

昔なら、子どもが病気になったときに、それは自然ですから仕方がないと言ったと思いますが、今のお母さんは「この責任だれがとってくれるの」とこう言います。

死はどうか。死もご存知のように都会からなくなっています。現在東京都内では八割以上の方が病院で亡《な》くなっております。嫌なことを言うようですが、ここにいらっしゃる皆さんも、いずれ必ずお亡くなりになるわけです。死は人間に必ず起こることであるにもかかわらず、今では「異常な出来事」になっていると私は思っています。

私は亡くなった方を扱う仕事をしておりましたので、日本人の間に死が特別なことであるという思いが強くなっていることに、何となく気がついていました。生老病死《しょうろうびょうし》というものが都会から排除されていきます。その排除される中に子どもも含まれています。だから少子化が進んでくるのですね。

子どもがなぜ排除されるのか。それは子どもは自然であるからです。都会は原則的に自然を排除するところですから、子どもは邪魔になってしまう。子どもは日常生活を妨害するものと、皆さんは何となく考えてないでしょうか。うちで子どもが産まれる、冗談ではないと。明日は大事な会議なのに……。子どもを持ったらよくわかりますけれども、キャリアのお母さんが、明日大事な会議があるようなときに限って、子どもがはしかになったりするものです。これは自然です。仕方のない世界ですが、キャリアウーマンの世界には持ち込みにくい性質のものでしょう。そういう意味で、都市は人間の自然を排除します。ですから少子化が起こるのではないかと思います。

戦後、都市化が一直線に進んできたというのが、私の意見です。ではそれ以前はどうしていたか。我々の伝統的な生き方ですが、それは自然との共存だとよく言われます。

こういうふうに考えたらいいのではないでしょうか。二つ軸を考えます。一方の軸は今、都市化と申し上げましたが、人工の軸です。「みなとみらい」でもいいし、天王洲でもいいし、新宿でもいい、ああいうふうな典型的な人工的な世界。もう一つの軸は自然。自然というと、今の人はどう思うか。真っ先にあげるのが屋久島《やくしま》の原生林、白神山地《しらかみさんち》。これはアメリカ式の自然の定義です。つまり人間とできるだけかかわりのないところを自然と言うのです。

だけど本当に人間とかかわりがないのなら、そんなものあってもなくても同じではないかと私は思います。日本人はそうではありません。日本人本来の自然に対する感覚の根本にあるのは「自然との折り合い」です。それは自然を相手として認めているということでもあります。これは非常に重要な点だと私は考えています。

日本人は、自然をまともに相手として受け入れるという態度を、長年とってきました。自然のままではどうにもならない、つまり屋久島、白神山地では使いようがありませんから、どうするかというと、これに「手入れ」をします。今の学生さんに手入れと言ったら、警察の「手入れ」しか思い浮かばないかもしれませんが、手入れというのは実は自然を相手にするものなのです。まず自分が作ったものではない自然というものを素直に認めます。それをできるだけ自分の意に沿うように動かしていこうとする。それが手入れです。

その手入れをしていきますと、天王洲とか、白神山地でない風景が日本にはできてきます。これが「田んぼ里山風景」と現在呼ばれているものです。これは完全な自然かと言うととんでもないんで、人間が散々手入れをしたものです。それではヨーロッパみたいに完全な人工環境かといったらそうではなく、ちょうど中間です。

これを維持するために日本人は恐らく一〇〇〇年以上にわたってずっと手入れをしてきました。それでは田んぼ里山風景を作るために農家は手入れをしたのかというと、そうではありません。そんなことは関係なくて、こうやったら一番米がよく作れるのではないかと、ただ必死になって努力しただけです。そういうふうにやっていて、一〇〇〇年たったら、いつの間にかこんな風景になった。そこに、自然を相手にするときの大きな特徴があります。都市だったら設計図を引いてぱっと作ることができますが、自然相手の手入れには設計図がありません。

若い人が嫌いだといわれる言葉、努力・辛抱・根性はどこから来たのか。自然を相手にしていると、完全に努力・辛抱・根性になってきます。相手がだいたいどういうものか根本的にわからない、だから予定したとおりにはならない。

これは女の人は毎日経験していることだろうと思います。うちの女房を見ててもうですが、鏡の前に、極端な場合は一時間も座っています。何をしてるかというと、完全に手入れしないでほうっておくと、屋久島、白神山地になっちゃうわけです。それで思い切ってやる人は、天王洲にしようとする。設計図を引いて美容整形に行くわけですが、いろいろと問題もありまして、私の女房の場合は結局、毎日毎日手入れをやってます。まあ三〇年、四〇年やれば何とか人前に出して見られるようになる、田んぼ里山風景になってくるということではないかと思います。

子どもも放っておけば野生児です。そんなものは誰も望んでない。では思うようになるかと言うと、天才児教育をやったらすぐわかりますけれども、もとがもとですからどうしようもない。ではどうするかというと、お母さん、お父さんが毎日、毎日やかましく言う。親はやかましいものですけど、それは子育てが手入れだからです。手入れしていくと、どこかある適当なところでおさまる。それだけのことではないかと思います。

我々が根本的に持ってきた文化というのは、そういうやり方をしてきたのではないか。その文化が、都市化とどこで矛盾するかは、よくわかると思います。都市化とは人工化です。人が予定したとおりにやる。私はそれをどう表現するかというと、「あ

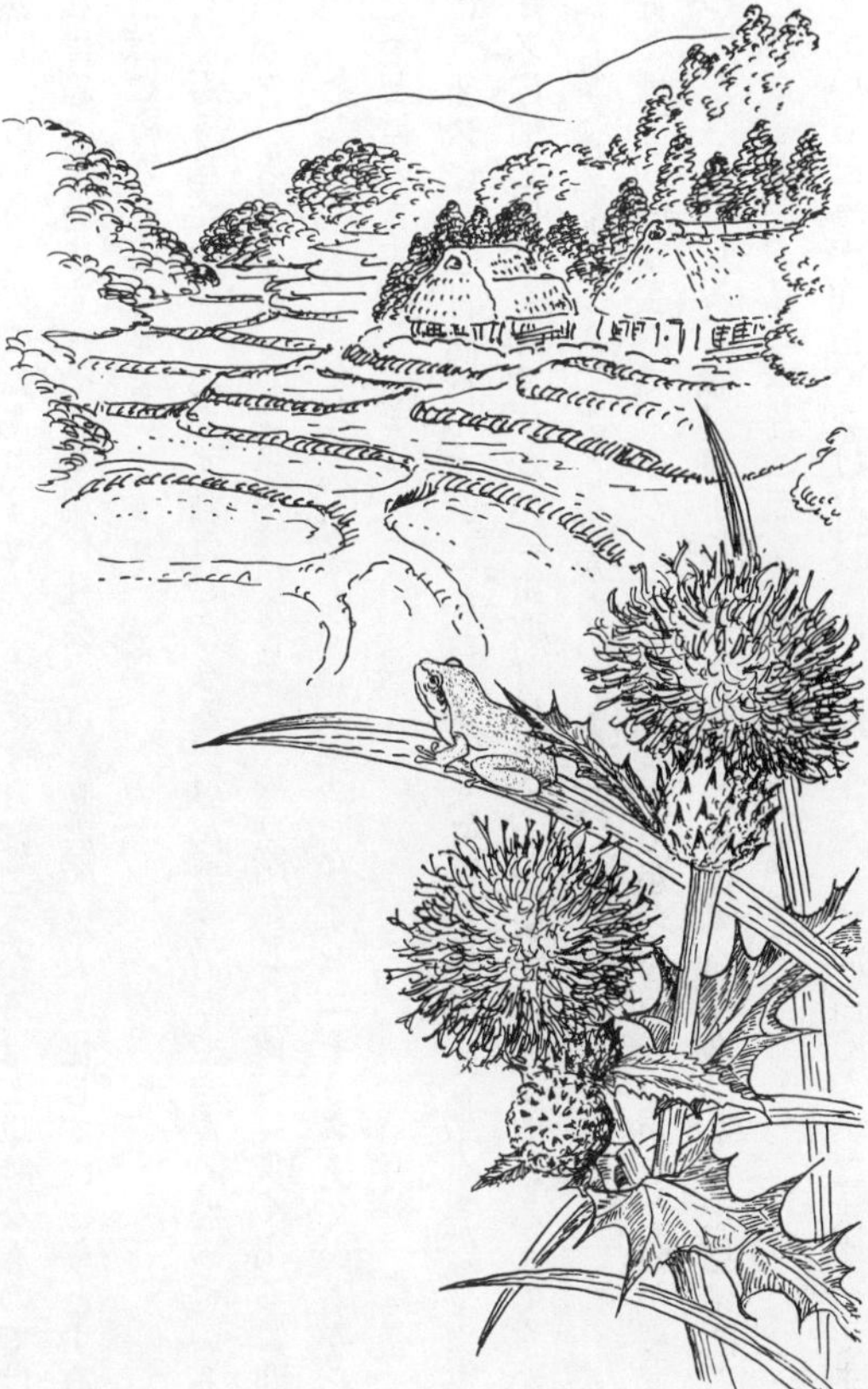

あすればこうなる」と言います。ああすればこうなる世界が人工の世界です。

自然はそういうものではありません。ああすればこうなるほど単純なものではないと、私は思っています。それを現代社会では、徹底的に人工化していこうとする。ああすればこうなると考えています。

恐らくもう私たちは、ああすればこうなる以外の考え方ができなくなっているのではないかという気が時々します。だからこういう話をした後で、よく出る質問は、「先生、それではどうしたらいいですか?」です。だから、「そう考えているからだめなんだ」と言います。

私はラオスに一〇日間行っていたと言いましたが、行く前に必ず聞かれます。「先生ラオスに何しに行くんですか」、「虫取りに行くんだよ」、「何が取れるんですか」と。「何が取れるかわかっているなら行かない」と私は答えます。

教育とはそういうもので、その子はどうなるかわからない、わからないから育てる。わかってたらおもしろくも、おかしくもない。これはずいぶん乱暴な意見に聞こえるかもしれませんが、私の本音はそういうところです。

教えているほうが面白くなければ、教わる学生だって面白くないに決まってますから……。

脳と表現

日本女子大学・成瀬記念講堂

1997.12

表現というのは、今も聞いていますと皆さんいろいろお喋《しゃべ》りをしておられる、それが表現です。今私は高いところでこうして喋っておりますが、これも表現です。表現では女性が有利で、一対一になりますと絶対私はかなわない。家に来てもらえばわかりますが、私は言葉で言い負けております。この「言葉」が典型的な表現です。そしてこの「言葉」というものが、人間の脳の一番大きな機能であるということは皆さんもご存知だろうと思います。

本題に入る前に、全体をどういうふうに考えたらいいか、簡単にお話ししておきます。

皆さんは人間です。これから子どもさんができるかもしれませんが、子どもが生まれるときに、今度生まれるのはイヌの子かブタの子かという心配をする人はいないわけです。自分が産むのは必ず人間だと思っています。では、なぜそれが保証されているか。それがご存知の遺伝子です。遺伝子系というのがあるからです。遺伝子が皆さんのかなりの部分を決めています。これを簡単に「ゲノム」と言います。ヒトの場合はヒトのゲノムを持っております。逆に言いますと、ヒトを決めているのはヒトのゲノムですから、したがってヒトの子はヒトになります。そういう意味で、遺伝子がまず皆さんを決めてしまう。

日本の教育では、おそらくそういうことはあまりはっきり言わないと思います。そもそも「遺伝」という言葉はいい意味に使われていません。私の知り合いのＮＨＫのディレクターが「人間の遺伝」という番組を作ろうと思ってしばらくやっておりましたが、久しぶりに顔を見たら、「先生、気が滅入《めい》ってしょうがないんですよ」と言う。「なんで気が滅入るんだ」と聞くと、「人間の遺伝というのをやっているとろくな話がない」と言うんですね。

それは当たり前で、今までのところ人間の遺伝は、ずっと病気の面から調べられてきたんです。けれども、遺伝の問題は何も病気だけに限らない。ですから、「ゲノム」

と言い換えさせていただきますが、ゲノムというのはどういう意味かというと、その動物の種を定めるために必要最小限の遺伝子のセットと考えていただければいい。イヌがイヌになるのはイヌのゲノムがあるからです。ヒトがヒトになるのはヒトのゲノムがあるからです。

皆さんは、顔も姿もさまざまですが、ずーっと遡《さかのぼ》ればみんな卵です。一個の卵。直径〇・二ミリメートルぐらいの卵だった。それが放っておきますと、放っておいたわけではないんですけれども、とにかく中に手を加えなくても適当にエサをやって、適当な環境においておくと、大きくなってこうなるわけです。イヌにもブタにもならないのは、もっともヒトによってはブタになると言っている人がいますけれども、それはゲノムがそう決めているからです。

それでは、ゲノムがどのぐらい細かいところまで決めているかということですが、そのことを一番簡単に理解していただくには、この中にいるかもしれませんけれども、一卵性の双生児を比べてみればいい。二卵性ですと兄弟ですが、一卵性ですと基本的にはクローンですから、非常に細かい点まで形質が似てきます。あそこまで似てくるということは、遺伝子を同じにしてやると、そうとう形質が似てしまうということを意味しています。

遺伝子はかなり細かい点まで我々を決めている。これを逆に言いますと、皆さんはゲノムの「表現型」であるという言い方ができます。当然、途中で怪我《けが》して体に傷がついたりすることはありますが、基本的な性質は全部遺伝で決まっています。ですから、皆さんはイヌと違って吠《ほ》えることはできません。しかし、チンパンジーと違って喋ることができる。もちろんこれは、基本的にはヒトのゲノムが決めた範囲の話です。

日本の学校では、「為《な》せば成る」つまり「努力すればなんとかなる」というふうにずっと習ってきます。何となくみんなそう思っています。つまり、教育というものは、為せば成ると考えないとできないものですから、遺伝子が決めているとは言いません。しかし、遺伝子が決めていると言おうが、為せば成ると言おうが、実は結果は同じことなのです。

なぜならば、現在、ヒューマン・ゲノム・プロジェクトというのが進行していて（二〇〇三年完了）、人間の遺伝子を全部読もうとしておりますけれども、仮に全部読めたところで、その人がどのぐらいの能力を持っているかということを、読んだ遺伝子から計算することはできません。遺伝子で決まっていると言っても、決まっている範囲がどこまでか、我々はまだ知らないからです。

遺伝子が決めていると考えるか、為せば成ると思うか、どちらでも結果に関係はありませんが、ただひとつだけ違うところがあります。つまり遺伝子で決まっていると思えば、遺伝子によって我々の性質がどういうふうに決まってくるんだろうということを真面目《まじめ》に研究する気になりますが、遺伝子で決まっていると思っていなければ、すなわち為せば成ると思っていれば、そういう勉強はしないだろうと思います。ですから、日本ではそういう意味での遺伝の研究は割合少ないんですね。

皆さんを先ほど私は「表現型」だと言いました。つまり、遺伝子は、その個性を形にして外に表してきます。それで、我々はお互いに人間だ、と普通は認知できる。ことの中にチンパンジーが一匹いるときは、どう考えても学生ではないものが入っているということはわかるわけです。それがまさに遺伝子の表している表現型です。しかも、その遺伝子という訳のわからないものは、実際には化学物質にすぎないわけですが、そこに書かれているいわば情報が、皆さんの形質を完全に表しているのですから、これは「情報系」という言葉で言うこともできるでしょう。

遺伝子は普通の情報系とはちょっと違いますが、一応、情報系とすると、人間はもうひとつの情報系を持っています。それが神経系、すなわち脳です。私が今日、『脳と表現』と題したのは、この神経系が作ってくる表現とはどういうものかということをお話ししようと思ったからです。

神経系と脳は一緒ではありませんが、ご存知のように脳は中枢《ちゅうすう》神経系の一部です。中枢神経系は脳と脊髄《せきずい》、それ以外に末梢《まっしょう》神経系というのがあって、体中に配線が張り巡らされていますから、脳だけ取り出してもしょうがないわけです。脳だけ切り出して十分な栄養を与えてガラスの中で飼うというSFがありますが、そうやったらどうなるだろうということは、実際、私自身も興味があります。あるんですが、それをやった人はもちろんいません。

ともかく私たちは、遺伝子系と神経系という、いちおう二つの情報系を持っている。生物を情報系という視点から見れば、人間はこの二つを持っているということを、ずいぶん乱暴な言い方ですが最初にお断りしておきます。

では、遺伝子系は何をしているかというと、先ほど言ったように、皆さんの形、体質、さまざまな性質をほとんど決めています。それをもっと別の言い方をすると、「生きている」ということを決めています。つまり細胞一個、アメーバとか、植物を考えてもいいんですが、脳がない。脳がなくても彼らはちゃんと生きているわけです。

そうすると、生きているという行動をするためには、生物は基本的に遺伝子系という情報系を持っていれば十分だと考えることができる。私は、「生きている」ということをむしろそういうふうに定義しています。遺伝子という情報系をもとにして「生きている」ということが成り立っているのです。

ところがヒトの場合、最近、脳死問題が浮上しました。今年の法的決着でおわかりだと思いますが、脳死したらいちおう死と認めても構わないのではないかという考え方が出てきます。それはどういうことか、どこで議論が起こったのかというと、脳死の人でも、当然のことですが遺伝子系はまだ生きている、ある意味では働いているんです。ですからまだ生きていると言う人がいます。一方で、人間の場合、脳が死んでしまったら、これはいちおう死んでいるとみなしてもよかろう、と。つまり二つの情報系のうち片方が完璧《かんぺき》に駄目になる、特に人間の場合、神経系が駄目になったら、これは死んだと認めようという考え方が出てくる。

今言ったように、我々は二つの情報系を持っていて、そのどちらを欠いても具合が悪い。このとき、一つの考えとして、非常に基礎的に考える人は、遺伝子系が神経系を作ってくるわけですから、根本的な原理は遺伝子系に含まれているというふうに考えます。しかし、皆さんが、もし根本的な原理は遺伝子に含まれているんだ、と考えて遺伝子系の研究をするとしたら、そのときに考えたり研究したりしているのは神経系、つまり脳なんです。

たとえば皆さんは、虫歯になって痛いときに歯医者に行って歯を抜いてもらいますね。そのときに麻酔薬を注射するでしょう。あの注射器を借りてきて、頭蓋骨《ずがいこつ》にドリルで穴をあけて、麻酔薬を少しずつ頭の中に入れていく。そうすると、遺伝子系が神経系を作り出すのだから、遺伝子系の中に我々の持っている基本的な規則はすべて含まれているはずだ、という考え自体が消えていってしまいます。そうでしょう。どんどん入れていくとどうなるか。最後に脳死と同じ状態になって、考え自体がゼロになってしまいます。したがって、私は、この両方を消すわけにはいかないと考えているんです。

ですから、我々は遺伝子系と神経系という二つの情報系を持っている、ということをまず言ったわけです。学問をやる人というのはわりあいに面倒くさいことを考えるのが嫌いなんですから、二つあるというと、もうそれだけで錯乱する場合があります。どちらかひとつにしてくれと思う。皆さんもそういうことよくあるでしょう。それでも、仕方がないから私は二つを認めます。

それでは脳味噌《のうみそ》は何をしているか、情報系として見たときに脳というのは何をやっているのか。皆さんは脳を持っています。ここにいる人の数だけ脳がある。けれども、普段は、見たことがない。食べたことがない、触ったことがない、拾ったこともないわけです。当然です。それで何が具合が悪いかというと、実感がないということです。

これまで教育を受けてくる過程で、おそらく皆さんは実感のないことをずいぶんしてきた、習ってきたのではないかという気がする。これが駄目なんですね、本当は。実感がないものをいくら扱おうと思っても、結局自分で扱いようがないんです。

日本人は、魚を食べる民族ですが、魚を食べるときに脳味噌をわざわざ突っついて出して食べているという人はいない。肉屋に行っても、せいぜい売っていてもタンですね。あれは舌です。舌はいちおう内臓ということになっていますが、あれは内臓ではなく横紋筋で、しかも首の筋肉が移動してきてできた変な器官です。そんなことはどうでもいいんですけれども、我々は脳というものに触れたことがないんですね。これが、皆さんに説明するときに私がいちばん困るところなんです。

普通は、持ってきて説明するんですけれども、持ってくるのもいろいろ大変で困るんです。脳というのは結構大きいんですね。平均で重さがだいたい一三五〇グラム、一キロ以上です。このぐらい大きさはありますし、特に私の場合はスライスになっていたりするので何枚にもなってしまう。それを持ってくると荷物が増えます。私は二個以上荷物を持つと必ず忘れるという性格ですから、それをどこかに忘れてきてしまう。そうすると非常に具合の悪いことがある。

なぜかというと、かつて東京の整形外科のお医者さんが患者さんの足を切って家で調べると言って紙袋に入れてタクシーに乗って忘れたという事件があって、えらく怒られたんですね。私も脳味噌を忘れるわけにいかないので、持つと緊張するんですね。それで、疲れるから持ってこないんです。だいたいこんなに大勢では、回して見てもらうのも無理です。ほんとうは脳を直接見ることができるといいんですけどね。

我々は、新たに亡《な》くなった人が入ってきてその遺体を処置するときに、いちおう脳は出しとくんです。遺体には最初にホルマリンを注入します。そうして脳も固める。多少固まった段階で脳を出します。なぜなら脳は骨で囲まれて、ガチッと頭の中に入っているので、ホルマリンの中に放り込んでもアルコールの中に放り込んでも、なかなか薬品が通ってくれないからです。それで、脳だけは出します。インディアンが頭の皮を剝《は》ぐと言うでしょう。あれは簡単に剝げるから剝ぐんです。

どうするかというと、皮を切って両側に割れ目を入れて手を突っ込んでビーッと剝ぎますと、きれいに骨との間が剝がれます。つまり頭の骨と頭の皮の間には、ほとんど直接のつながりはないんです。頭の皮に行っている血管は全部側《わき》からきますから、骨を突き抜けてきているのはほとんどありません。そういう連絡がないから簡単に剝げる。きれいに皮を剝ぎますと骨が出てきますから、これを鋸《のこぎり》で切って、ポコッとお椀《わん》みたいに外します。

それで脳が見えるかと言ったら見えません。その下に、脳膜という言葉をよく一般の方が使いますが、硬膜と我々は言っていますが、非常に硬い膜があります。脳の手術で欠損を起こした跡にこれを移植をして、ご存知のように狂牛病、クロイツフェルト・ヤコブ病が伝染するということが問題になったわけですが、その硬膜をかぶっていますので、それをまた外します。

そうすると初めて脳がいちおう見えるようになります。表面には軟膜という膜がまだかぶさっていて、血管がたくさん走っていますから多少かすみがかかったようになっていますが、それでもいちおう脳の表面が見えてきます。ですから、そこまで出して、透明なガラスかアクリルのふたをかぶせますと脳が見えるわけです。

私も、頭をそういう状態にしてここへ出てきて話をすればわかりやすいわけです。ああ、脳があるな、と。あるということがわかるだけではなくて、これがいちばん重要なんですが、脳の働きがわかるんです。

言葉は左の脳の機能になりますが、私の場合も、測定してないんですけれども、間違いなく左だと思います。

脳は使っている場所に血液が集中するという性質を持っています。我々の脳は表面に神経細胞があって、それを大脳皮質と呼んでいるのはご存知だと思いますが、その皮質の働いているところは、急激に血液が集まってくるので赤くなります。ですから、私が喋《しゃべ》っていると左の脳が赤くなるのが見えてきます。お喋りをするときに働く場所は、はっきりわかっています。脳と言葉の関係で最初にわかった場所のひとつでして、これを「ブローカの運動性言語中枢」と言っています。喋っているときは、当然、そのへんのところは真っ赤になっているはずです。

さらに、喋っているときは声が自分に聞こえています。つまり言葉を喋るとともにそれを聞くという作業を同時にやっているわけですから、聞くところに関係のある場所も、やはり血液が集まっている。そこが赤くなっているわけです。そういうのが直接見られるならば、脳というものが普段ちゃんと働いているんだなあという実感が出てくると思います。

私だけでは不公平ですから、じつは皆さんも全部そうやって脳が見えるようにしてここに来てもらうといいんですね。私が喋っているあいだ、皆さんがちゃんと聞いていれば、ずっと左側が赤くなっている。後ろでウォークマンを聞いている人がいると、そこだけポツンと右側が赤いから、音楽は右脳ですから、すぐわかる。今日はわりあいに気温が高いし、食事も済んだでしょうから、もう三〇分もすると眠くなってあちこちに青白い脳が見えてくるはずで、これなら脳の機能というものが実感として把握できる。これがないものですから脳の話は非常に具合が悪いんです。

それをなんとかしたいなと前から思っていたのですが、実際には現在、今私が半分冗談で言ったようなことが機械でできるようになっています。病院でCTスキャン検査を受けた人がいるかもしれませんが、ああいう機械ですね。『脳を観《み》る』(日経サイエンス社)という本に、どういうふうに具体的にやるかということが丁寧に書いてあります。

皆さんがお喋りをするとき、実は脳のいろいろなところを使っています。言語に関係している部分が壊れたら言語がだめになるというだけの話であって、そこだけが言語に絡《から》んでいるわけではない。全体をかなりよく使っています。それが一番よくわかるのは、嘘《うそ》発見器。あれは自律神経の反応を見ているんですね。手に汗を握ると言いますけど、嘘をついたときは緊張するから、その分だけ生理反応が違ってくる。それを測っているわけです。

今では、もうちょっと確実に、嘘をついているかどうかわかるようになっています。それは、喋っている人の脳を写し出して調べてみればいいわけです。つまり本当のことを言っているときと嘘をついているときとでは、当然ですが赤さが違う。嘘をつくほうが脳を一所懸命に使います。その余計に脳を使った分、当然、余分に赤くなっているわけです。

きのう、そういう話をしていたら、早稲田《わせだ》大学の吉村《よしむら》作治さんという人が私の隣に座っていて、「何にも考えないでどんどん嘘つくやつがいるけど、そういうのは区別がつかないだろう」とおっしゃる。「そうかもしれません」なんて答えたんですけれど、いちおう嘘をつくほうが頭を使いますから、当然のことですが、その違いを測ることはできるはずなんですね。

まず、私たちの脳がそういうものであるとして、これを情報の処理装置と考えます。

そういう見方はあまりしないかもしれませんが、まあそう思って聞いていてください。情報処理装置とはつまりコンピュータです。コンピュータというやつは、皆さんが一所懸命キーボードを打って情報を入れないと何もしてくれません。何かが入って、何かが出ていく、それが脳。それでは何が入るのかというと知覚です。感覚と言ってもいいし、知覚といってもいいんですが、これをまとめて具体的に五感と言っています。

五感から入っていく。それを入力系とすると、出力は何か。運動あるいは行動です。運動と行動の違いは何かというと、行動というのはある文脈の中に置かれたもの、たとえば野球をするのは行動です。バットで球を打つというのは、まあ行動と言ってもいいですけど、そのために腕を振るというのは運動です。運動を別の言い方をすれば骨格筋の収縮になります。さらに別の言い方をすれば運動神経の末端からアセチルコリンが放出されることです。そういうふうにいろいろな言い方ができますが、とにかくそれが出力です。

脳の出力は基本的に骨格筋の運動である、ということに皆さんはたぶん気がついていないと思います。先ほどアセチルコリンの放出と言いましたけれども、脳はアセチルコリン以外のものもいろいろ出しています。ホルモンですね。ただ、それらは体の中に出ているものです。しかし、脳が情報処理装置として外界と関わるときに問題になってくるのは、あくまでも骨格筋の運動だけです。

自分の骨格筋の運動が止まるということを、皆さんは経験したことがないはずです。骨格筋の運動が完全に止まると死んでしまうからです。なぜ死ぬかわかりますか。骨格筋の運動が止まるとなぜ死ぬか、その理由を改めて考えるようでは、自分の体についてこれまでほとんど考えたことがないということですね。

それはまず第一に呼吸ができなくなります。息ができなくなる。息をするときに必ず動いている筋肉があります。横紋筋、つまり横隔膜です。横隔膜というのは面白くて、解剖で横隔膜を見せてくれという人がいるんですね。それで、見せてあげると、筋肉だということを知って仰天するわけです。腹膜とか胸膜とか腸間膜とか、いろいろ膜という名前がついている、そういうものと同じものだと思っているわけですが、そうではないんです。横隔膜は、膜という名前がついていますが、あれは筋肉です。それが収縮します。同時に呼吸筋、肋間筋《ろっかんきん》が収縮して、胸郭を広げる。そういうかたちで我々は息を吸い込んでいるんです。息を吐くときは力を抜いているだけです。

ともかく我々の出力は、骨格筋の運動としてだけ出てくる。このことを納得してもらいたいのでちょっとお話ししますと、難病といわれる病気が世間にはいくつかあります。皆さんは宇宙論研究者のスティーヴン・ホーキングという人をご存知かと思いますが、テレビに車椅子《くるまいす》で出てきます。

彼がかかっている病気が筋萎縮《きんいしゅく》性側索硬化症、筋肉がしだいに動かなくなるという病気で、最終的には車椅子どころではなくて、口が利《き》けなくなります。それがさらに進行すれば呼吸ができなくなります。といっても現代医学では、呼吸ができなくなったからといって人が死ぬことはないんですね。どうしてかというと、人工呼吸器というりっぱな機械がある。これをつけることによって、じつは脳死問題が発生したということは、知っている人は知っているでしょうが、ともかく今は呼吸ぐらいは機械にやらせることができるようになっています。

それでは、ホーキングのように人工呼吸器をつけた状態になったら、人はどうなるか。皆さんはおそらく考えたことがないと思います。

私の知っている方でも、筋萎縮性側索硬化症になった人がいます。最初、歩けなくなり、次に寝たきりになって入院しました。その段階ではまだ口が利けますが、やがて口が利けなくなり、同時に呼吸とか、物を飲み込んだりすることがあぶなくなってきます。といっても、食べるほうも現在では何の問題もありません。胃にじかにチューブを突っ込んで、そこから栄養物を注入してやればいいわけです。皆さんはべつに物が飲み込めなくなったからといっても、いっさい心配する必要はない。あまりうまいものは食べられませんけれど。そうすると、あと、呼吸は機械でやればいい、それで万全とお考えになるかもしれません。

その方は入院して三年目になるまでに、完全に筋肉が悪くなりました。歩けなくなる。寝たきりになる。そのうち口が利けなくなる。問題は、口が利けなくなった段階で、それではどうするかということです。看病しているのは奥さんですから、奥さんは旦那《だんな》さんの意見を聞かなければならないわけですが、「寒いですか」と聞いたときに、どういうふうに相手の返事を聞いたらいいのか、考えてみてください。

ある段階まで、旦那さんはまだ目が動かせた。だから、目を動かして返事ができました。イエスなら目を動かしてくださいということができた。そのうち目が動かなくなりました。でも、まだ舌が動く。ですから、舌を動かして返事をしていました。お腹《なか》が空《す》きましたか。痒《かゆ》いですか。どこが痒いですか。背中が痒いですか。お腹が痒いですか。順番に言っていけばいいわけです。そのうちに舌が動かなくなります。

進行性筋萎縮症は子どもにも発症しますので、そういう患者さんを持ったお母さんたちが発見した最後の手段がひとつあります。その方も、最後はその方法を使いまし

りません。本人からまったく返事がないから、何を考えているかわからない。痛い

た目に異常はありませんが、脳がどうなっているか、感覚器がどうなっているか、わ

皆さんも、そういう病気で自分が入院していっさい意思表示ができなくなると、見

事故は病院では時々起こります。

人は動けませんから人工呼吸器を外せるわけがないので、これは事故です。こういう

て死んだかというと、奥さんが銭湯に行っている間に人工呼吸器が外れたんです。本

に意思表示がなくなりました。それから三年生きておられたわけです。では、どうし

やがてそれが動かなくなりました。六年入院していたんですが、三年目です。完全

を当てて返事を聞いていました。イエスならば返事をしてください。

るので、そういう病気でも長く生き残っています。ですから、奥さんはお尻の穴に手

のが、随意的に動く横紋筋に変化したもので、神経の位置も普通の筋肉とは違ってい

ぶん高級な器官でもあるんです。もともとあれは腸の筋肉、つまり平滑筋であったも

肛門なんて、皆さんはくだらない存在だと思っているかもしれませんが、実はずい

ります。外肛門括約筋《がいこうもんかつやくきん》という筋肉で、お尻《しり》の穴をしめる筋肉です。

た。全部動かなくなった段階、舌も動かなくなった最後の段階で、唯一《ゆいいつ》動く筋肉があ

のか、痒いのか、辛《つら》いのか、辛くないのか、いっさいわからない。このように、脳という入出力系は、随意筋の運動を切られますといっさい出力がなくなります。出力がなくなっていくことに対してさまざまな手を打つことができますが、意思を聞くことだけはできません。このことは、しかと覚えておいてください。

入力のほうは幸い五つ、五感というぐらいで、いろいろあります。目がみえなければ耳が聞こえる。耳が聞こえなくても触った感じでわかる。ヘレン・ケラーになります。そういう意味で知覚系はいくつか保証されています。

知覚系から入って、運動として出ていくというふうに考えますと、脳というのは典型的な情報処理装置です。僕は長年教師をやってますから、よくわかっています。学生さんというのは、いくら入れても出てこない。子どもを育てればよくわかりますけれども、ガミガミ言ってもなんにも出てこない。よそのほうに行っちゃう。これもしょっちゅうあることで、これが情報処理装置の問題点だということは誰でもわかっているんですね。ともかく、入力があって出力がある装置、これが私たちの脳に対するひとつの見方です。

この脳という情報処理装置中でいろいろ計算をすると、計算した結果が出力で出てきます。単純に考えれば、脳というのはそれだけのものです。では、どうして入れているのに出てこないのか。これは簡単なことで、係数がかかっているからです。バイアスがかかっているからです。

人間とコンピュータで一番違うところはどこかと聞きますと、多くの人はコンピュータには感情がないでしょう、と答えます。実は、コンピュータに感情をつけることは簡単にできるんですね。ただ、皆さんがその感情という言葉の意味を主観的に捉《とら》えているので、そう思われないだけのことです。

主観的とはどういう意味かというと、脳は奇妙なことに意識という世界を持ってしまいまして、私たちはその中で脳がやっていることをいちおう把握しています。つまり、皆さん自分が何をしているかわかっているわけです。その意識の中に感情と呼ばれるものがある。では、脳という出力装置にとって、感情とは何かというと、入出力関係の間にかかってくる強いバイアス、別な言い方をすればウェイティング、重みづけなんですね。

これだけでわかれば大したものですけれども、重みづけとは何かというと、皆さん一番苦手かもしれませんけれども、最も簡単な例をとると、y=axというのを習ったでしょう。xに何かを入れるとyの値が決まると教わりましたね。xに1を入れたら

y=aでしょう、2を入れたらy=2aでしょう、と教わるわけです。

ではaとは何ですかと聞くと、数学の先生はこれは何でもいいんだ、という。でも定数、決まった数だという。なんでもいいのになぜ決まっているのか、まずそこでわからなくなるんです。そうでしょう。だけれども、今の例をちょっと考えてみてください。

a=0だったらどうなるか。何を入れてもy=0でしょう。だから皆さんに何を入れても、係数が0の人は何も出てこない。聞いてないということです。それだけのことです。それでは、この数が大きいというのはどういうことか。それが好きだということです。よく「一を聞いて十を知る」と言いますが、aが10ならxに1を入れればy=10ですから、一を聞いて十を知るわけです。

0になるか、10になるか。それを皆さんは意識の中で見て、好き嫌いと言っているのです。好きなほうは係数が大きい。嫌いなほうは小さい係数がかかっています。一番小さいのは0です。なんにも出てこない。だいたい感じとしてはわかるでしょう。それを主観的に捉えて、好き嫌いと言っているわけです。

なぜバイアスをかけるか。これは、コンピュータで論理計算をやったらどういうことになるかを考えたらすぐにわかります。もし脳というコンピュータが完全な論理計算機械だったら、皆さんはたちまち立ち往生するんです。なぜかというと、生物は論理計算機械としては行動できないからです。

有名な例があります。哲学のほうで「ビュリダンのロバ」というものです。ロバというのは西洋では馬鹿《ばか》な動物の代名詞です。幸い日本には「ウマ年」はあっても「ロバ年」というのはありませんが、腹の減ったロバを二つの干し草の山の真ん中に置くと、どっちを食べていいかわからなくて、結局、飢え死にしてしまうというのがビュリダンのロバです。哲学では、これを価値観の問題として言ってるわけです。

けれども、そこでもうひとつ、踏み込んで考えてみてください。馬鹿なロバではなくて、皆さんがもし完全に論理的な計算だけをする高度のコンピュータだったらどうするか。このコンピュータはこちらの山を食うべきか、あちらの山を食うべきか、すなわちどちらを食ったら得かをすべて計算で決めようとします、論理機械ですから。

まずやらなければいけないのは、どっちの量が多いかを知ることですが、干し草を往復するような手間はかけないで、なるべく安いコストで知ろうとします。コンピュータはお利口ですから、そういう手段を論理的に割り出して、ソナーを使うかレーザーを使うか知りませんけれども、ともかく両方の量を量ります。量ったところが一グラムと違わないという答えが出てしまいます。

そうするとまだ結論にいたらないので、次に距離を測定する。今度も一センチも違わないという答えが出る。まだ結論が出ませんので、次にコンピュータがやることは、食べるためにそこまで移動していくと仮定すると、途中の道がでこぼこしていますから、このでこぼこを全部知ろうとして計算し始めます。延々とやっているうちに、やっぱり腹が減って死んでしまうんですね。馬鹿なロバと同じ結果です。

もちろん生き物はそんなことはしません。皆さんが結婚するときのことを考えればわかります。自分が結婚する相手の異性は、地球には六〇億人間がいますから、だいたい三〇億いる。その三〇億のうち年齢からいって上の一〇億と下の一〇億は問題にならないとすると、真ん中の約一〇億が相手です。それをどの相手が自分に適当かと論理計算で計算していたら、計算をやっているうちに自分が死んでしまうということはすぐわかるはずです。

それでは、どうして相手が決まるのかというと、一目《ひとめ》惚《ほ》れとか、そういうアホなことで決めているわけです。先ほど言った通り、入力にバイアスがかかっているからです。勝手なバイアスをつけて、その重みをほぼ絶対なものとして認めるから、相手が決まるんです。だから、脳は論理機械ではない。もし論理機械であったら、結論が出る前に必ず死んでいるんです。

生き物はそういう馬鹿なことをしないで、非常に強くバイアスをかけています。そして、情報にかかっているバイアスを、意識は自分で把握することができます。そうした把握をしばしば感情、すなわち好き嫌いと呼んでいるんですね。これが好き嫌いの基本的な原理です。

脳は完全な論理機械ではありません。しかし、今言ったように、情報に非常に単純に係数をかけること、すなわち重みづけができると考えたとたんに、感情というものが一見不合理に見えて極めて合理的なものであるということがわかってきます。感情は意識の中では不合理の代名詞にされています。なぜかというと、論理はイコールで把握されるものですが、感情は係数によって把握されるものだからです。それだけのことなんです。ですから、ａの決め方は論理ではありません。これはなんでもいいんです。

では、ａの決め方が具合の悪い人がいたらどうなるかというと、そんな人はいずれいなくなるだけのことです。長い進化の過程でａの値というのはある範囲に決まってきています。しかし、これを一定の値に収束させていないところが、もうおわかりの通り、「蓼《たで》食う虫も好きずき」ということで、どんな人でも結婚しようと思ったら、たいていの場合、相手が見つかるわけです。生物の脳というのはそういうふうにできているんです。

脳の基本的な説明で、なかなか「表現」に行かないんですけれども、私が脳は入出力装置だと言っている意味が、少しおわかりいただけたのではないかと思います。入ってきたものをいろいろ選《よ》り分けて外に出す。それだけのことです。これは動物でもまったく同じです。

私は本にも書いたのですが、動物でも同じだとつくづく思ったのは、女房がアメリカに行ってしまって独りになってしまったときのことです。三週間ほど独り暮らしをしました。ただ厳密には独り暮らしではなくて、わが家には猫が一匹います。その猫にエサをやらなければならないんです。

初めは缶詰がありましたので、それを毎日食べさせていると、思ったよりたくさん食べる。女房が用意しておいた缶詰が三週間経《た》たないうちになくなってしまったんです。買いに行くのは面倒くさいし、冷蔵庫をあけたらキュウリが入っていたのでキュウリを食べさせようと思ったんですけど、やはり猫は食べないんですね。それで考えたんです。

猫はキュウリを食べていたっていいんです。なぜかというと、皆さんも習うでしょうけれど、食べたものは小腸まで入っていけば、要するに、水と無機塩類と糖とアミノ酸と脂肪酸とグリセリンに変わっていく。肉を食べようが魚を食べようがキュウリを食べようが、小腸までいけば同じことなんだから、「お前はキュウリ食え。現にパンダを見てみろってんだ。昔は肉を食っていたけれども、今は笹《ささ》の葉っぱを食っているじゃないか」。猫にその論理がよくわかれば、それで通じるはずなんですけれども、駄目なんです。

では、どうして猫は魚しか食べないか。当然のことですが、魚から入ってくる入力は猫にとって食物としてプラスの入力として働きますが、キュウリから入ってくる入力は、食物としての入力は完全にゼロです。だから、猫に意識があれば「私はキュウリは嫌いだ」と言うに決まっているわけです。そうでしょう。だから、それを主観というのはおかしいので、それは主観ではなくて単なるバイアスなのです。よろしいですね。

そうすると、皆さんの脳はやはりコンピュータなのです。それで、そのコンピュータが出力してくるものによって何をするかというと、脳はたいへん妙なことをする。さまざまな脳をつないでしまうんですね。皆さんがいつまでもおしゃべりをしていてうるさいというのは、お互いに脳と脳の間が繋《つな》がっているわけです。何で繋いでいるか。言葉で繋いでいるわけです。ただし、繋いでいるのは言葉だけかというと、そうではありません。私が、本を書いたりテレビで済ませればいいのに、なぜわざわざここに来るかというと、何か知らないけれども、ここに来てお喋《しゃべ》りをしたほうが、言葉だけでない何かが伝わっているからです。その何かを含めて、「表現」と呼びます。

今では伝えることをコミュニケーションなんて言っていますけれども、コミュニケーションの基礎になっているのは、それぞれの脳が出してくる表現です。その表現の典型的なものが言葉なんです。

人間はこういう大きな脳を持つことになって何をしたかというと、まず社会を作りました。その社会の中ではコミュニケーションがどうしても必要で、それが脳と脳を繋いでいる。繋いでいるそのひとつひとつの局面をしっかり捉えて見てみると、それは脳から見れば、出力した表現であるということです。

では、言葉とは何か、です。言葉のいちばん大きな特徴を説明すれば、脳の説明もあらかた終わるんですね。

皆さんはものを見ることができる。目玉だけで物を見ようとしてもできません。ゲゲゲの鬼太郎のおやじさんは、目玉だけでいちおう生きていますけれども、あれ本当は、目玉だけではだめなんで、目玉の後ろに脳がついてないと物は見えません。ですから、目の後ろについている脳の部分も含めた全体を「視覚系」と我々は呼んでいます。

次は耳、聴くほうです。耳といっても、外側についている耳は完全に余分なものです。人間の体の中で、この外耳と言っている耳ぐらい訳のわからないものはありません。ただ、これがないと眼鏡がかけられないということが一つあります。あとはだいたい子どもの耳を引っ張るときくらいに使われるんですね。他にあんまり役割はないんです。じつは集音器だと言われていますけれど、はっきりしない。したがって、聴覚系とは内耳から脳まで繋がる部分をさしています。

皆さんは目と耳というものがいかに違うかということを意識したことがないと思います。目をつぶったらわかりますが、今まで見えていた世界がガラッと変わってしまいます。いわば無くなった感じになる。そのかわり耳から、ドーッとでもないけれども、いろいろな今までと全然違った入力が入ってきます。そして今まであったものの多くが消えてしまいます。すなわち、目と耳はまったく違うものを扱っている。当たり前と言えば当たり前です。

それでは、それほど違う目と耳が「言葉」の中でどうなっているか考えてみてください。同じになっています。つまりどういうことかというと、前のほうでノートをとっている人がいますけれども、私が喋っていることがいつのまにか字になっているんです。字になっていることは、それを見ると読めるということです。字がわからなかったら紙の上にシミがずーっと並んでいるだけです。さらに、文字が読めるということは、それが日本語の文法として把握されているということです。

読むということは目から入ってくるということですが、それでは、同じことを耳から入れたらどうか。なんと同じ規則で日本語として把握されます。だから、視覚系と聴覚系が重なったところは言葉だな、という結論が出てきます。

なんでこういうことを、かつて言わなかったかというと、言葉は、耳から入ってくる「音声言語」が基本だという考え方がどうしてもあるからです。日本の歴史を考えたらすぐわかりますけれども、文字は中国から入ってきたのです。そのときに稗田阿《ひえだのあ》礼《れ》が語ったものを、太安万侶《おおのやすまろ》が口述筆記ではないですけれども、とにかく『古事記』を書くわけです。それ以前の日本語には文字がないんです。そうすると、なんと言っても言葉というのはお喋りして耳で聞くのが本当でしょう、と思うのが常識で、本居《もとおり》宣長《のりなが》は、中国から文字が入ってきてから日本人は悪くなった、大和心《やまとごころ》がすたって、唐《から》心《ごころ》が幅をきかしていると言っています。

フランス人なんかも頭からそう決めていますから、聴覚言語が当然のこととして、言語の主流、本質であると言います。けれども、考えてみてください。文字を書くというのは容易なことではないんです。だいたい、紙と鉛筆がいるんです。そして、そういったものが発明されてくるのは文明にかなり余裕ができてからです。

私は、我々のような現代人、ホモ・サピエンスが出てきたときには、すでに言語の能力はでき上がっていたと考えています。これはゲノム、遺伝子の問題です。文明の産物ではない。歴史的に聴覚言語が先行したのは元手が安いからです。実際に皆さんは、毎日毎日、喋っていると思いますけれども、ほとんど一文もかかりません。お喋りぐらい安くあがるものはない。昔の人間も同じです。言語は安いほうからできてきたんです。

本を読んだり物を書いたりするのは金がかかるんです。もちろん私は、歴史的には聴覚言語が先だからといって、言語の本質が聴覚言語だと思っているわけではありません。言語の本質を聴覚言語だとすると、動物の鳴き声は言語かとかいうくだらない議論をしなければならなくなります。だから、私はこう定義しました。「視覚と聴覚に共通の情報処理規則を言語という」というふうに。

視覚で絵を見て、聴覚で音楽を聞いて、その重なったところに言葉がある。言葉と音楽と絵の三つこそ人間の典型的な「表現」です。人が何かを作り出して、その作り出したものが他人に何かを伝えるという意味では、言葉も絵画も音楽もほとんどまったく同じものなのです。それを違う物として区別しているのは皆さんです。実際に、わずかに違うんですけれども。しかし、この三つの間には曖昧《あいまい》な領域が存在していま す。言葉と絵画の間、音楽と言葉の間には、怪しげな領域が存在しているのです。

たとえば言葉と音楽の間にあるものはすぐに思いつくでしょう。もうじき宮中で歌会始《うたかいはじめ》というのがあります。和歌を朗々と詠《よ》む。あれを初めての人が聞いていると、何を言っているのか全然わからない。皆さんも全然わからないと言うでしょうが、私もテレビで今の歌手が歌っている歌を聞くと、何を言ってるのか全然わかりません。昔

「君のひとみは10000ボルト」なんていう歌がありましたけれど、何を言っているのか全然わからない。少なくとも、あれは言葉ではないということは、はっきりわかります。意味がないんですから。

童謡を考えてください。童謡の歌詞で、皆さん誤解して覚えていたものはないですか。私は五〇歳になるまで「夕焼け小やけの赤とんぼ」の歌詞が不思議でしょうがなかったんです。「おわれてみたのはいつの日か」というのは誰が誰を追っかけるのかな、と子どもの頃からずーっと疑問だったんです。

それでもちゃんと覚えていられるのはなぜかというと、じつは歌詞というのは言葉ではないからなんです。必ずしも言葉ではないんですね。歌詞を言葉だと思って歌ったら歌が下手《へた》になります。だから、外国語の歌は意味が全然わからないで平気で歌っている人のほうがうまいということがよく起こるわけです。意味がわかったら音楽ではなくて言葉になってしまう。外国でも詩は作者が朗読するものです。そういうふうに考えますと、言葉と音楽の間には、必ずしも厳密な区別はないということがわかってくると思います。

言葉と絵画の間はどうか。これもやはり区別がわからなくなってきます。たとえば

「温泉マーク」は誰でもわかるわけです。「温泉」という漢字を書くよりも、このほうがわかりやすいじゃないか。温泉なんて字を覚えるのは大変だけど、これだったら子どもだってわかる。確かにそうなんです。もっと言うなら、魚なんていう字は書くのも大変だから、魚の絵にすればいいではないか。すぐ描けます、一筆書きで。

だけど、皆さんご存知ですよね。漢字はもともとこういう絵のような格好をしていたんです。これを図形化していって、だんだんと今の漢字に変わっていった。漢和辞典を引いてみてください。どういうふうに変わってきたかちゃんと書いてあります。けれども、漢和辞典には、何で「魚の絵」が「魚という字」にならなければいけないか、ということは書いてないんです。

魚、これは英語では「フィッシュ」と言います。フランス語だと「ポアソン」、何でも次々言えますけれども。皆さんは考えたことはありますか。魚はなんで「さかな」と言うのか。「かさな」とか「なかさ」とか「さかな」とか「なさか」とか「かなさ」とか、何だっていいわけでしょう。どうして「さかな」なんですか。そこには論理性がないということを、はっきり指摘したのがソシュールという言語学者です。

ソシュールはそれを「言語の恣意性《しいせい》」と言ったんです。言語というのは恣《ほしいまま》に勝手な音をくっつけたものだと。学者というのは当たり前のことを難しく言うんですね。

なんで「さかな」というのか。だから僕は「さかな」というくらいなら「パシャン」と言いなさいと言うわけです。「パシャン」というのは魚が跳ねた音です。そうするとおわかりだと思いますけれども、魚の絵とパシャンは対応しています。「魚という漢字」と「サカナという音」が対応するんです。それがおわかりいただければ、もうこれ以上説明は要らないわけです。どういうことかというと、絵やパシャンにはもともとの具体性がまだ残っています。

もう少し文字っぽく変わった形でも、絵だと、しっぽがあって胴体があって目玉があって鰓《えら》があるということが一目でわかってしまいます。ということは、視覚でなければとれない情報がそういう形には残っています。視覚でなければわからない情報が残っているということは、これはまだ絵の状況を残しているということです。

そういったもともとのものが持っている性質をひとつでも残している記号を、じつはアイコンと呼んでいるわけです。コンピュータを使っている人はしょっちゅうアイコンという言葉を聞くと思いますが、アイコンのことをマークだ記号だと思っているのなら訂正してください。アイコンというのは本来はもとのものの性質をひとつでも残した記号のことを言います。

温泉マークは、池があって湯気が立っているというもとのものの性質が残っていますから、これはアイコンです。これは厳密な意味の記号ではありません。文字でもありません。文字はおわかりのように、そういうアイコン性を失った物です。すなわち、「魚」という文字の中に魚の性質はいっさい入っておりません。ですから、魚がパシャンではないというのは、これは耳がないとわからないものだからです。パシャンという音は魚が跳ねる音を聞いた人でないと通じない話だからです。

これでわかると思いますが、聴覚言語であれ視覚言語であれ、音声ないしは視覚に直接に関係のある性質はどんどんなくなっていきます。それは個体発生でもまったく同じで、子どものときには「ワンワン」「ニャーニャー」です。「ワンワン」とか「ニャーニャー」はどうして幼児語かというと、耳でなければわからない猫や犬の鳴き声をそのまま流用しているからです。それは、先ほど私が定義しました「聴覚と視覚の情報処理の共通規則としての言語」の中にあると邪魔になりますから、そういうものは追い出されていきます。それが近代言語の進化です。

そういう形で言語は抽象化していきます。抽象化していくということは、各感覚の直接的な所与から離れていくということです。それは当然のことで「視聴覚の共通の情報処理」だからです。そのことを理解してもらうには、視覚と聴覚の情報処理ということは、互いに全然違うことだ、ということをまず頭に入れておかないとむずかしいと思います。

けれども、皆さんはもう生まれたときから言葉の世界にどっぷり漬かる生活をしているわけです。それは本当に驚くべきことだと思います。家《うち》の娘なんかを見ていますと、朝起きるとポーンとテレビをつけている。そうすると、テレビはもうのべつまくなしに喋《しゃべ》っているんです。皆さんには、視聴覚の共通の情報処理規則としての言葉というものが、初めからもう完全に与えられたものとして入っているんですね。

私が子どもだったときはまだ、こんなに言葉は一般的ではありませんでした。ですから、私よりもっと前の年寄り、特に男の人は割合に寡黙《かもく》です。黙っていた。私も子どもの頃は全然口を利《き》きませんでしたから、親戚《しんせき》に使いに出すときに母親が手紙を書いて私に持たせていました。そして相手の家に行って「はい、これ」と言って手紙を出すというのが私の始まりでございます。

だいたいあんまり喋らない。そうすると、女性というのは喋らない子どもは馬鹿《ばか》だと思っていますから、私の母は私を完全に白痴だと思っておりました、言葉ができないから。それで知能検査に連れて行かれたのをよく覚えています。まあそれはいいんですけれども。

僕は、好きなコマーシャルはというと「男は黙ってサッポロビール」と言うんですよ。それは、子どもの世界がまだ今ほど大きくなかった時代の話を懐《なつか》しんで言っているという面をもっているわけです。皆さんはあまりにも、この視覚と聴覚の共通性のある世界、言葉の世界に慣れ切ってしまっています。一遍は、分けて考えてみたら、よくわかるでしょう。

私は芸大の大学院でも教えているんですけれども、芸大がまったくそのように分かれています。上野に行ったことのある人はご存知だと思いますが、道の南側が美術学部で北側が音楽学部で、真ん中に道路が走っています。私はあの道路が言語だよと言って芸大の学生に教えているわけです。そして、この三つがもし別のものだと思っていたとすれば、それは現在の社会構造がそうなっているからです。

当然のことですが、音楽を専攻する人は音楽の大学へ行くし、絵画を専攻する人は美術学校へ行くし、言葉をやる人はまた別だと、こうなってしまうわけです。だけれども、表現というジャンルでみれば三者ともじつによく似ている。そっくりだということです。長くなってしまうから説明しませんが、ここのところを考えてください。

では、言葉と絵画の間に何があるか。じつは日本の漫画は、徹底的にその中間に位置しています。絵画でもなければ言葉でもないんですが、どちら側の役割も果たしているということに、漫画を見ればたちどころに気がつくはずです。それを論理的にもう少し詰めたい人は自分で考えてみてください。ここまでお話ししましたから。

まだ納得いかない人のためにもう一言付け加えておきますと、たとえば言語と音楽がいかによく似ているかということです。それは習得の過程を考えるとよくわかります。音声言語にせよ音楽にせよ、非常に早期から教えないと、なまりが入ってしまいます。まず第一に耳がだめで、音の区別が付かなくなってしまいます。なまるということは耳がだめだということです。運動のほうはかなり修正できますが、耳が区別できなかったらどうしようもありません。

日本人の英語の典型的な欠点は、アメリカ人でも知っていますがLとRの区別が付かないということです。私はちゃんと区別して喋ることはできますが、私の耳はLでもRでもどっちでもいいよと言っています。しかし音楽でそれが起こったら致命的ですから、ある年齢以降に音楽を習ってもだいたいだめなのです。いくら練習してもだめなのは、運動機能は鍛錬できても、耳が音を区別してくれないからです。

皆さんは、運動機能と耳は全然違うもの、無関係のものと思っていたかもしれませんが、皆さんがお喋りをしたときに正しい日本語を喋ることができるのは、その両方を無意識のうちに訓練してきたからです。我々が日本語を喋っていると、自分が喋っている音が自分の耳に入って聞こえていまして、それが変ならただちに訂正するというかたちでぐるぐる回しているんです。音楽がこれとまったく同じだということに気づくと思います。

ピアノを弾いているのは声帯の代わりに指が動いているだけのことであって、そうすると音が出て耳に入ってきます。それがおかしければまた弾くほうを訂正するという努力を繰り返していますから、演奏家の指の動きは皆さん素人《しろうと》にはとても真似《まね》ができないわけです。皆さんは日本語を自由に喋っていますから、それがいかに精妙で複雑な動きかということを意識していませんが、ロシア人に日本語を喋らせたらまず往生いたします。当たり前の話であって、音楽と同じで、演奏の訓練をしなければできないからです。

先ほど左脳にブローカの運動性言語中枢《ちゅうすう》というものがあると言いました。脳は基本的に左右対称ですから、そうすると右側にも同じところがあるはずだということになります。左側が言葉をお喋りするために使われているところであるなら、そこを右側では何に使っているのかという話になる。遊んでいるのかという話になります。たいていの場合は遊んでいると思います。ただ、世の中にここが、右側のお喋りの部分が遊んでない人がいます。もう今の話でおわかりだろうと思います。楽器の演奏家です。ですから、楽器の演奏は、言葉を喋るのと同じことを右脳でやっているんだということがわかります。

なぜそんなことがわかるか。じつは、その部分だけが障害を受けることがまれにあるのですが、たまたまそれが、演奏家になろうとしていた女子学生だったという珍しいケースがあります。

それはカナダでの事例です。アメリカとかカナダの場合、ご存知のように普通の学校を出てから専門学校である音楽学校や美術学校に入りますから、大学でその子は、皆さんぐらいの子ですが、オーボエの専門家になろうと思って、すでにオーボエを玄《くろ》人《うと》並みに吹いていました。

毎日、一所懸命練習していました。その子がある朝、目が覚めます。気分は何ともないんですが、オーボエを手にとったら持ち方がわからなくなっていたんです。演奏するときの持ち方がわからないんです。吹くどころではない。それで何が起こってしまったんだろうと、大急ぎで医者にすっ飛んでいった。最後は精神分析の医者に回されます。体の具合はどこも悪くない。結局、治りませんでした。

その人は、オーボエの専門家になるのは諦《あきら》めて医者になりました。医者になって結婚することになって、結婚式に呼ばれて行ったのがクローワンズという神経内科の医者です。そのお医者さんが、友達から花嫁の過去のそういう話を聞いて、それでは脳のCTを撮りなさいと言った。CTを撮ったら、まさに右脳のその位置に古い脳梗塞《のうこうそく》の跡があったんですね。

当時彼女はピルを常用していた。ご存知のようにピルは凝血の副作用がありまして、時々こういうことが起こります。つまり軽い脳梗塞を起こします。この程度の脳梗塞ですと若い人はびくともしません。ただ、運の悪いことに、演奏をするという、複雑な言語運動と同じ働きをする運動の中枢がそれでやられてしまいました。ですから、その途端にオーボエの持ち方もわからなくなったという非常に極端なケースだったんですね。

皆さんは言葉の世界に住んでいますよ、と言いましたが、言葉の世界以外にもうひとつ何があるか。私たちは、女性はもうよくおわかりでしょうが、自分自身が人にどう見えるかということを絶えず考えています。すなわち、いま私が絵画、音楽、言語と言ったのは、大脳皮質が作ってくる意識的な表現ですが、それ以外に我々はもうひとつ表現を持っていまして、それが「身体《からだ》」です。

ところが、身体というやつは非常にたちが悪いもので、これは思ったようになりません。なぜならば、最初に言いましたように、身体の基本を決めてくるのはゲノムです。皆さんがどんな背丈でどんな顔かたちをして、どんな体型をしているかを決めているのは、脳ではなくて遺伝子だからです。脳はそれに対してさまざまに手を加えて、自分の思う方向に引っ張ろうとします。

身体は自然ですが、脳は人工です。人間がものを作るというのは脳つまり意識がやっていることですから。都市もそうです。都市は人工だし、屋久島《やくしま》や白神山地《しらかみさんち》は自然です。皆さんの体はどちらかというと自然ですが、皆さんの心、脳、意識は人工です。そうすると、脳は、この自然である身体を人工のほうへ寄せようとします。こっちへ引っ張ります。

一番極端な人は、とことん人工の世界まで持ってこなければ気が済まないと言って、美容整形になるわけです。思ったようにしないと気が済まない。それができないといって、ぐちゃぐちゃになっちゃう人がいる。自分の体自体が気に入らないというので、抹殺しようという気持ちが起こってくる。拒食になってきます。

自然というのは、ある意味では非常に安定したものですから、ほんとうは自然に任せておけばいいんです。しかし、完全に自然に任せておくと、とても人間には見えなくなってしまいます。皆さんはおそらくもうその年になれば毎日やっているでしょう。人間のほうに引っ張るという努力を毎日しています。お化粧をする。鏡を見て一時間も二時間も、自然を人間にする努力をしています。

それではその結果どうなるかというと、先行きは見えません。見えないんだけれども、どこか適当なところで納まるだろうと思っています。私はよくこれを手入れと言うんですけれども、また余計な話になってしまいました、手入れというのはこういう観念だと思うんです。警察の手入れというのは全然違うんですよ。

身体というものを人工のほうに寄せていくこと、これは別の見方をしますと「表現」になります。つまり皆さんを人が見たときにどう思うかということです。

では、身体の表現というものが、日本の文化ではどのように扱われてきたかと考えますと、先ほど視覚と聴覚と言いましたが、身体の表現と脳の表現というのは、やはり同じ一つの文化の中でお互いに支え合っていることにだんだん気づいていきます。

日本では、身体表現をどういうふうに文化の中に入れていたか。身体を表現する努力を古くは「修行」と言い、その具体的な方法を「道」と言い、それが表現として完成したものを「型」と言ったんです。

茶道とか華道とかいまだに延々と続いていますが、お茶なんてうちの娘は「ああ、あの苦くてしびれるもの」と言いますが、じつは茶道というのはじっとしているものではないわけです。基本的には動いているわけで、あれは身体の所作です。運動です。身体表現です。それが表現だということがわからなくなっているのが現代です。

表現ですから、何かを伝えようとしているわけです。何を伝えているのか。ちょっと考えていただきたいのですが、たとえば相撲がそうです。何のためにあんな仕切りをやっているのか。だいたい褌《ふんどし》一丁で前に下がりをつけて、やたら太った人が出てきて丸を描いた中でぶつかり合って何が面白いのか。実は、あれはパリに持っていってもお客さんはいっぱい来るんです。なぜか。それがまさしく身体表現だからです。見事に完成された表現のひとつだからです。ですから、「相撲道」、「道」と言います。

そこまで持っていくには、当然のこととして修行が必要です。若乃花《わかのはな》、貴乃花《たかのはな》は、若いわりには一応どこに出しても通るような感じがするのは、二人の存在がちょうどテレビタレントの言葉の表現と同じように、見事な身体の表現になっているからだということに気づいていただけたらと思います。

そして、我々の文化が、明治維新以降何をしてきたかというと、近代化と称して意識的表現、すなわち言葉、芸術、絵画、音楽といったようなもので、身体の表現を置き換えようとすることです。その努力の連続でした。現在では、それが来るところまで来て、身の回りのほとんどが言葉の世界になっています。

私は東大の医学部にいた頃に、解剖の標本室でビートたけしと対談をしたことがあります。東大の標本室というところはだいたい死んだ人がいっぱい置いてあるところです。人間の手とか足とか顔とかそういうものがごろごろしているところです。ビートたけしが、そういうところでしばらく話をしたあとで、最後に帰るときにひとこと言った。それが非常に印象的でした。

よもやま話の中で「所詮《しょせん》、私は言葉の世界の人間ですから」と彼は自分を規定して帰りました。私は何もこんな話をしたわけではない。勝手に向こうが言ったことです。でも、それが非常に印象的だった。あのくらいの人になると自分がどういう世界に住んでいるかをちゃんと把握しています。

文化というのは言葉、絵画、音楽、すなわち意識的表現の世界だけではありません。

じつは身体の表現が半分を占めていたわけです。ですから「男は黙ってサッポロビール」と先ほど言いましたが、それを支えていたのは同時に身体の表現であったわけです。

このことを私が、もうひとつ全然別の機会に思ったことがあります。私はオーストラリアに留学していたことがありまして、オーストラリアにはまあ土地勘があります。あるとき、ケアンズに寄りました。ケアンズは暑いところです。アボリジニーがたくさんいます。原住民です。

私はたまたま公園に近いところの二階のテラスでお茶をのんでおりました。その公園に大きな木が生えていて、下が芝生になっているんですけれども、アボリジニーのおばさんが二人やってきて、よもやま話らしきものを始めたわけです。まず芝生の上に二人で座り込みました。座り込んでお喋《しゃべ》りをしています。ただし、腰をおろして後ろに手をついて。皆さんもやると思いますけれども。ところが、その手が動いているんです。それが非常に優雅な動きでして、手が動いて何をしたか。

まわりに木が生えていますから、大きな木の葉が落ちてます。それを拾いました。一枚。それを拾ってある場所に置いて、その上に片手をつきました。そして反対側の手でもう一度こうやって探して、また葉っぱを見つけて適当な位置に置いて、その上に手をつきました。私は気がつきました。アボリジニーも裸の地面に手をつかないというルールを持っている。しかも、その葉っぱを探っているときの手つき、体つきを見ながら私は茶道を思い出していました。

どのような文化も、ああいった身体表現を持っています。それはある意味で無意識化されています。それによって何かが伝わっているはずですが、それは意識の表現ではありませんから、よくわかりません。そして本来喋ることではないと思います。

戦後、特にそういった身体表現、無意識的表現を我々は強く消してきました。しかし、普遍的な身体の表現は、完成すれば必ずどこにでも通じるはずのものです。二本差しでちょんまげを結って咸臨丸《かんりんまる》から降りた人たちがサンフランシスコを歩いたときに、アメリカ人は誰も笑わなかったと思います。それが型です。

ですから、私はよく覚えていますが、戦後、テレビ放送の開始とともにコマーシャルが始まりました。でも、その頃使われていたモデルは、八割くらいが外国人だったんですね。それで、日本ではなぜ外人のモデルばかり使うんだと、日本人だけでなく、外国人からも指摘されました。その答えとしては、日本人はスタイルが悪いからだというのが決まり文句でしたけれども、それは違うということはもうおわかりだろうと思います。

一時よく、電車の中で若い人、特に男の子ですが、でんと座って足を投げ出して、行儀が悪いといわれた時期があります。そのときも私は、行儀が悪いせいではないだろうとは思っていました。今思えばそれは何でもないことであって、彼らは体がすんなり大きく育ったにもかかわらず、表現としての身体を与えられていないというだけのことなのです。すなわち自分の体を持て余していたというだけのことです。

意識的表現に比べて、こういった無意識的表現というのは、非常に身につきにくいものです。それを本来担《にな》っていくのが日常の生活です。我々は畳の上の生活から急速に椅子《いす》とか床の洋風の生活に変化させてきました。日常の常住坐臥《じょうじゅうざが》の所作からできあがってくるようなそういった身体表現としての文化は、もう一度作り直さなければならない段階におそらくきているんだろうと思います。

だから、日本の首相がサミットに行きますと必ず新聞が言います。やはりみっともない、と。確かにどこかみっともないんです。それは精神がどうとかと日本ではつい言われがちですが、私はまったく違うと思います。そうではなくて、非常に簡単な身体の取り扱いだと思います。それは意識ではできません。必ずしもできません。なぜなら、それは先ほどから言っているように無意識的な表現だからです。

最初に、我々が持っている情報系は遺伝子と脳ですよ、と言いました。そして身体を作るのは遺伝子で、それをコントロールしているのが脳であり、その二つの関係というのはどこまで行ってもついてまわるものだということを申し上げて終わりにしたいと思います。

【会場からの質問】

質問　身体の所作について伺《うかが》いたいんですけれども、もう私などはずいぶん大きくなってしまいまして、無意識のうちにいろいろなものが積み上げられてきてしまっているると思うんですけれども、今からあえて身体の所作を素敵なものにしていくために、その無意識と意識的なものの関係を説明していただけますでしょうか。

養老　まず第一に無意識を意識で説明するというのはほとんど矛盾なんですね。そもそも説明できないから無意識なのであって、そんなことを説明してもしょうがない。じつは教育がそうなんですけれども、日本の芸事《げいごと》を習われている方はよくおわかりのはずです。

私の同僚というかちょっと先輩なんですが、多田富雄《ただとみお》さんという免疫《めんえき》の大先生がおりまして、彼は能をやっています。能も作っているし、鼓《つづみ》を打つんです。それで、鼓を習いに行った話を時々してくれるんですけれども、最初に鼓を習いに行ったときに師匠のところに行って鼓を手にして打つわけですね。すると師匠はなんと言うかというと、しばらく聞いていて、駄目と言うんです。

それで一月なら一月たって行く。練習してから行くんですよ。それでまたたたいていると、駄目と言われる。一年ぐらい駄目と言われる。ところが、ある日突然「よし」と言われる。本人はなんでいいのかわからない。でも、それでしばらくやっていると、今度はなぜ「よし」と言われたかがわかってくる。そういうものです。

そのへんの機微《きび》が知りたければ、一番いい解説は岩波文庫で、ものすごく薄いからお読みください。『日本の弓術』という本です。著者はオイゲン・ヘリゲルというドイツ人で、大正時代に東北大学にいた若い哲学の先生です。彼は当時東北で有名だった弓の名人・阿波《あわ》研造に弟子入りしまして、弓を習います。そのときの習った経緯、そして自分の考え方、そして、それが弓を習うことでしだいに訂正されていく過程が見事に書かれているんです。

原文はドイツ人のために書かれたものでドイツ語でしたから、それを日本語に翻訳したものが岩波文庫に入っていて『日本の弓術』という題だったと思います。僕はそれを読んでよく思うんですけれども、皆さんはおそらく日本の禅と文化に対しては、名人に入門したドイツ人のオイゲン・ヘリゲルとほぼ同じ感覚をもう持っているのではないかと思います。ですから、あれを読むのが一番いい解説になるのではないかと思います。

手入れ文化と日本

東京神田・大朋会館　1998.1

私は大学の医学部で解剖学を教えています。解剖といいますと、皆さん、妙なものだと思われるかもしれません。普通の仕事と一番違うのはどこかというと、相手が変わらないということです。そのことには案外自分でも気がつかないでやっていましたが、今になるとそんな気がするのです。どういうことかというと、亡《な》くなった方ですから処置をいたします。ちゃんと処置をいたしますと、死体というのは一〇〇〇年でも二〇〇〇年でももつわけです。皆さんご存知のように、最近中国から埋葬されたものが出ましたが、二〇〇〇年近い年月がたっています。今の技術ですとそのくらいのことは楽にできるわけです。いくらでももつのです。こういうものを自分の手でいじります。

これが臨床のお医者さんですと、相手は患者さんですから「きょうは熱がある」とか「咳《せき》が出る」とか言うわけです。二、三日たちますと熱が高くなったり下がったりします。つまり相手が変わってきます。しかし私の場合、相手はいっさい変わりません。学生には「きのうも死んでいた。きょうも死んでいる。あしたも死んでいるだろう」と言っています。もし、ここに何か変わりが出たときは、私がやったことなのです。きょうは腕が取れている。これは私が取ったのです。さもなければ何事も起こらない世界です。

「どうして解剖なんかやっているのだ」とよく聞かれます。解剖学と対立するものに生理学というものがありまして、これは生きていく働きを観察するものです。私は生理学は割合得意でありました。それなのにどうして生理学をやらなかったのかというと、生理学をやっている人と夕食を食べていますと、途中でがばっと立ち上がって「猫が死んでしまう」と言うのです。実験で猫を使っているからです。そうすると途中で食事をやめてすっ飛んでいかなければならない。あるいは、「きょうは徹夜だ」とよく言います。どうして徹夜かというと、猫が死ぬまで実験するからなのです。

私はそういう仕事は忙しくて嫌なのです。解剖ですと途中で休んで食事に行っても、いっさいそのままです。食事に行ってそのまま家に帰ってしまっても、次の日にいくと前日のとおりになっていますから、これは怠け者には向いている仕事だと思ったのです。

ところが、それが非常に甘かったということに何十年かたって気がつきました。相手がいっさい変わりませんから、すべてのことを私がやります。そうすると中から神経が出てきて、血管が出てきて、いろいろなものが出てきますが、それを見ながらものを考えるのも私です。私がやらなければすべての作業がいっさい動かないのです。死体の状況も全部私が変化させていかなければなりません。世間の中で生きていますと、世間というのは勝手に動きます。自分と関係なしに動いていきます。多くの方はそういった外側の変化からものを考えたり、それに対処するということで案外一生が過ぎているのではないかという気がします。

解剖という作業は私がやらない限りそこからはいっさい何も出てこない。それを何十年か続けた結果、嫌でもものを考えさせられる習慣がつきました。私がやらない限りいっさい動かない世界というのは、考えてみると、ほかにはあまりないのではないかと思うのです。そういうことをやっているうちに、ものを考える癖がついてしまいました。

そういう目で見ますと、世間の人というのは案外なまけているなと思ってしまいます。なまけているというのは、つまり日常起こっていることに対応するのに精一杯ということです。忙しい方はよくそういうふうにおっしゃると思います。それは結局、自分が扱っている対象が変化するものだからです。

私の場合はまったく変化しない対象を扱っています。それを何十年かやりまして、だんだん気づかされたことがあります。もちろん、亡くなった方というのは、死んだということを除けばごく普通の人ですから、遺族もありますし、その方を取り巻いていたさまざまな人間の思いがあります。そういう面で、死者のあり方が年とともに変わってきているんですね。

どういうところが変わってきたかというと、まず第一に死ぬ人が変わってきました。たとえば、解剖している相手が、がりがりにやせている人か、ぱんぱんに太っている人のどちらかになります。どういうことかといいますと、脳卒中や心筋梗塞《こうそく》で亡くなる方というのはだいたい太り過ぎですから、解剖してみると内臓に脂肪がたまっています。一方、隣の机にはがりがりにやせた人がいます。これはさまざまな難病の末期で、医療を尽くした結果亡くなったわけですから、よく生きていたという状態です。亡くなった方がそういう両極端に分化していきます。

それから一番大きく変わってきたのは、そういう方の扱いです。世の中変わってきたなと思います。今の例のがりがりにやせている方は、結局病院で亡くなっているのです。昔は自宅で死ぬのが常識だったものが、現在では病院で死ぬのが常識ということに完全に変わりました。八割以上の方が病院で亡くなっています。日常生活から死が消えていったということです。日常生活から死が消えたものですから、一般の方に私が聞かれることが変わってきました。「解剖をやっていると、先生なんかは人間がものに見えるでしょうね」と言われるのです。

そのような考え方の変化というものを何となく感じ取りまして、私なりに戦後の日本がどのような変化をしてきたかということを考えてみました。その結果、出てきた結論は、戦後の日本というものは要するに都市化したのではないかということです。こういう都市論をやる方は、実は案外いないのです。つまり、都市論をやる方というのはでき上がった都市を見ているからです。

都市とは何かといいますと、たとえば戦後の日本というものを短く言うといろいろな言い方ができます。「民主化である」とおっしゃる方もいるでしょうし、「軍国主義が消えた」とおっしゃる方もいる。「平和と民主主義」というのは一番普通の言い方かもしれません。そういうふうに戦後が変化して、では、皆さんの日常生活と平和と民主主義はいったいどういう関係があるのかといいますと、あまり関係がないのではないかという気がするのです。「車が入って、テレビが入って、云々《うんぬん》」ということのほうが日常生活に大きな影響があるのではないか。車にせよ洗濯機にせよ、新しい生活道具が入ってきた変化を「都市化」と考えたほうがいいのではないかと私は思います。

そうするといろいろなことがほどけてきます。たとえば、都市化に伴って人の考え方は変わります。人の考え方が変わる一番大きな理由として、町というのはどこを歩いても人間の作ったものしかないということがまず第一に浮かびます。人間の作ったものしかないというのは、建物がそうであり、道路がそうです。そして町の人というのは大変おもしろいことに、地面を嫌うのです。地面を嫌うとしか言いようがありません。

それは東京の町をお歩きいただければ一目瞭然《りょうぜん》です。裸の地面がいっさいありません。なぜ地面がないかというと完全に舗装するからです。ではなぜ舗装するのかということを問い詰めると、おそらく車をお使いの方は車のためだとおっしゃると思いますけれども、それだけではないはずです。小学校のグラウンドまでコンクリートにしているのですから。そうすると、それはやっぱり地面が嫌になったからです。なぜ地面が嫌かというと、地面というのは人間が作ったものではなく、勝手にそこにあるものだからです。そういうものは町の中では何となく許せないのです。

その許せなさ加減というものが非常によく出ているのは、部屋の中に出てくるゴキブリです。あのゴキブリも人間が作ったものではありません。あれが出てくるとほとんどの人が錯乱します。どうして錯乱するかというのはよくわかりませんが、嫌いだということがあると思います。実はチンパンジーもああいうものは嫌います。人間やチンパンジーなどのような高等霊長類の遺伝子の中に、ゴキブリなどを嫌うという性向があるのは確かなのですが、それにしてもちょっと嫌い方が激しい。その理由を考えてみますと、あれも裸の地面と同じで、人の意識が作らなかったものだからではないかという気がします。

ゴキブリが出てきたときには、私が死体を目にしたときのように、ものを考えるということをなさっていただきたいと思います。ゴキブリが出たとき、一度じっとそれを見ながらお考えいただきたい。そうすると、なぜゴキブリがいけないのかという理由がよくわかると思います。

まず第一に、すべての必然性が理解できないからです。つまり、この部屋のこの床の上に、なぜ今現在ゴキブリが出てこなければいけないのかがまずわかりません。それから、もう一つ、一番いけないのは、出てきたゴキブリがこれから何をするつもりなのかわからないということです。どちらへ走るつもりか、それとも飛ぶつもりか、まったく予測がつきません。さらに、姿形がいけません。だいたい、部屋に合わない。昔の番傘みたいな色、油紙みたいな色をしています。人によっては「ペンキを塗ったみたいな色だ」とも言います。きちんと内装している部屋には合いません。

さらに見ていると、体が何だか平たすぎる。あれがもう少し厚みがあれば一〇〇円くらいで売れるかもしれません。どうしてあんなに平べったいかというと、それがまたわからない。つまり、私たちが自然を見るときにだいたいそういう見方をするということです。何だかわからない。だから不気味だと思うということです。

現在日本全国で年間約一万人の方が交通事故で亡くなります。しかし、年間一万人の人が車の事故で亡くなるからといって、車を不気味だと言う人は一人もいません。けれども、もし香港《ホンコン》で猛威を奮っているインフルエンザのウィルスが原因で、年間に一万人の人が亡くなるようなことになったら、日本はパニック状態に陥るでしょう。インフルエンザと車ではどこが違うのかということになります。インフルエンザは私たちが意識的に作ったものではありませんから、我々はそれに何重かの重みをかけて嫌います。嫌なもの、不気味なもの、自分たちがコントロールできないものという、いわば典型的な原始的な心性を「自然」という対象に対して投げかけるのです。そういう嫌なものをいっさい消してしまっていく社会、世界が都市部であると考えられます。ですから、都市では作られているもの、置かれているものが何のためにそこにあり、それが何をするためのものであるかということは、誰でも理解できるようになっています。

そうすると次に起こってくるのは、その中に住む人々の態度の変化です。戦後の日本人の態度の変化でいちばん目立つのは、何事も人のせいにする人が出てきたということです。なぜかというと、人間の作ったもので世界を埋め尽くしていけば、それだけが現実になっていくからです。その「現実」にないはずの不都合は、すべて人のせいにする。

たとえば、ジャワの山の中を歩いていて一番怖いのは毒蛇です。この間新聞を読んでいましたら、アメ横でマムシにかまれた人がいました。東京でマムシにかまれますと、だいたい「誰があんなところにマムシを置いたのだ」ということになります。ジャワで青ハブにかまれてもそれは当たり前です。かまれたほうが運が悪いのだから仕方がないということになります。

自然の中に暮らしているときに不幸な出来事が起こりますと「それは仕方がない」となるということです。一方、都会の中で不幸な出来事が起こりますと「誰のせいだ」ということになります。溝に落っこちたら、誰かがその溝を掘ったのですから当然のことですが、やはり「誰かのせい」というのが都市です。ですから、日本人が変化したのではなく日本が都市に変わったのだというふうに考えると、そういう変化は大変よく理解できると思います。

それだけではありません。私のところにいる研究生で神戸の方がいらっしゃいます。毎月何回か東京まで来ておられたのですが、三年前の震災があってからぱったり来なくなりました。いろいろあったのだろうなと思ってこちらも心配をしていたのですが、ひと月たって初めて出て来られました。その方のおっしゃったことは今でも忘れられません。

あれは早朝に起こった地震でしたが、その方は市内のビルを借りて会社をやっていますので、目を覚ましてすぐにそこへすっ飛んで行ったそうです。ビルは何事もなかったのでほっと安心をして、自分が借りているフロアに行ってかぎを開けて中に入っていった。その瞬間にかーっと頭に血がのぼったとおっしゃっていました。どうしてかというと、戸棚が全部倒れて、机の上が全部ぐちゃぐちゃになっていたからだそうです。その方は非常に几帳面《きちょうめん》な方なのです。

彼が言うには、その瞬間に「誰がこんなことをしやがった」と、かーっと頭にきたということです。つまり、反射的に反応をしたときに「誰がこんなことをしたのだ」と人のせいにしてしまったのです。私のところに来たのはそのひと月後なのですが、「まだ腹の虫がおさまらないんですよ、先生」と、こう言うわけです。「こうなった以上は天皇陛下にやめていただくほかしょうがないですな」ともおっしゃっていました。

そこで私は突然理解したような気がしたのです。ああ、なるほどと思いました。「天皇陛下」というふうに彼は言ったのですが、イスラムですと何事もアラーの思《おぼ》し召《め》しといいます。それはまさにこのことではないかと思いました。

つまり、専門家に伺《うかが》いますと、イスラムというのは都市の宗教だといいます。しかもああいった宗教は、イスラムもユダヤもキリスト教もすべてそうですが、唯一《ゆいいつ》絶対の人格神です。人格神ということは実は人です。やきもちもやけば、怒りもすれば、喜びもするのであって、それは人と同じように感情を持った存在であり、しかも人と契約をします。ある意味では人と対等であるわけです。

いくら都市の住民であっても、すべてを人のせいにするのはおかしいということは、長年文化を保持していれば、当然気づかざるをえません。なぜなら今述べた神戸の震災のようなことが起こるからです。あるいは古い昔でしたら疫病《えきびょう》がはやります。そういったことは天災ですから、結局人のせいにはできません。

しかし、そうした都会人たちの心性、すなわち反射的に考えることというのは、やはり「誰のせいだ」ということです。そして、その行き場のない憤《いきどお》りを解消する一番いい方法は、何事も「アラーの神のおぼしめしだ」とすることです。つまり、人格神というものがいかにして生じるかということが、ある面で私なりに理解できたんです。

そう思ってみますと何と驚くべきことに、イスラム、ユダヤ教、キリスト教というのはまさしく都市の宗教ではないかという気がしてきました。ご存知のように、人類によって作られた一番古い都市は中近東です。チグリス・ユーフラテス川のほとり、四大世界文明の発祥地として都市を作りました。その都市というのは、根本的に現在の東京と変わらない心性の人たちが住んでいるとお考えいただければよろしいと思います。そして、やがてそれが地中海沿岸に広がります。そして東へ行くとインドがあって、中国があります。いずれも大変古い都市文明の基盤があります。

こういうところに大きな特徴がないかと思って考えてみますと、まずイスラムが中近東に残っていますが、さらに古い宗教がユダヤ教です。ユダヤ教もまた唯一絶対の人格神を持っていまして「エホバ」と言っています。ユダヤ人の歴史の中で、「バビロンの捕囚」という史実が残っています。バビロンというのは古代バビロニアの首都でして、今では大英博物館に行けばある程度のものは残っていますけれども、とんでもない昔の都市です。そこにユダヤ人がさらわれていって帰ってきた話があるわけです。

もし日本人が捕まって、そういうところに連れていかれて暮らしてみたらどうなるかと考えると、たぶん、日本系のバビロニア人というものができて、そのうちに消えてしまうのではないかと思います。ところがユダヤ人は消えませんでした。ご存知のようにユダヤ人という定義は人種的な定義ではなくて、むしろ「ユダヤ教を奉ずる人たち」というのが定義です。だからバビロンに行っても消えてなくならない。消えてなくならないどころか国に帰ってきます。ご存知のように、モーゼも当時のエジプトの都市国家から戻ってきます。

ユダヤ人こそ典型的な都会人である。しかもそう考えるとユダヤ人がやっている職業というのもよくわかるのです。本来、商人や金融業というものは都市でなければ成り立たないわけです。

私は数年前ブータンに行きましたけれども、ブータンでは現金経済なんてありません。すべてが農家ですから、それぞれの家が自給自足の単位になっています。基本的に世界中の農業はどこでも同じはずであって、日本の農家が特殊だということを専門家に聞いたことがあります。日本の農業というのは、非常に早くから商品生産に切り替わったのだと教わりました。つまり、農作物を作ってそれを売るというのは、古い形の農家ではないのです。ブータン辺りでは低いところでは米を作り、高いところではそばを作ります。そういうところは日本とよく似ています。あとは野菜といえば唐がらしということになります。

そして、どこの家にも必ず機織《はたお》りの道具がありまして、衣食住はとにかく自分のところで間に合わせるというのが農家です。ですから子どもが多くて、二〇人、三〇人が一家族で一単位になっています。そこでは現金経済なんて成り立っていません。現金が必要なのは、お寺でお祭りをするときの当番に当たった人だけです。

それに対して、ユダヤ人は商人であり、金融業者であり、芸術家であり、学者です。ご一般的にそういうものはすべて都市の民です。ユダヤ人は現在でも都市の民です。

存知のようにニューヨークはユダヤ人の町と言われています。典型的な町の人です。そういう意味で、ユダヤ人は「町の人」をおそらく五〇〇〇年くらい続けているのではないかと私は思います。

後で日本のこともお話ししますけれども、都市の成立ということについて、ちょっと乱暴に整理をしておきます。日本で最初に都市が作られてくるのは弥生《やよい》時代だろうと思います。縄文《じょうもん》のものは都市とはいえず、集落のようなものです。吉野《よしの》ヶ里《り》遺跡がどうして都市かというと、周りに堀を掘っているからです。周りに堀を掘った、そういうふうな特定の地域というのがまさに私の言う都市、人工空間です。自分ではっきりと区画を決めまして、「この中が町ですよ」と、こういうわけです。その中というのは皆さんの頭の中です。つまり地面があってはいけないところです。

そういう形で何らかの意味で周囲に結界《けっかい》を張りめぐらして、その中は特別の場所であると宣言したのが都市であると思います。それは今でも都市の伝統に残っていまして、たとえばヨーロッパの中世都市ですと、都市にはみんなそれぞれ守護聖人がいます。守護聖人があるということは、ある特別の場所、誰かが守ってくれる場所と考えていいと思います。

また、都市の中というのは意識だけの世界、つまり自然のままのものは置かないところです。そういう都市が次に興《おこ》ってくるのは、ユダヤ教が地中海の古代ヘレニズム文明といわれている文明の中に入り込んでいったときです。ご存知のように、古代ヘレニズムの大都市というのはローマとアレクサンドリアとコンスタンチノープルです。そういった古代ヘレニズムの中の大都市の中に発生した、ユダヤ教からできた新興宗教がキリスト教なのです。

ですからユダヤ教とキリスト教は旧約聖書を共通にもっています。そして新約を認めないのがユダヤ教であって、それを認めているのがキリスト教ということになります。そういった意味ではキリスト教もまた典型的な都市宗教で、古代ヘレニズムの都市の中に成立した宗教です。

ところが、ヘレニズム文明は滅びてしまいます。北方の蛮族、ゲルマン人の侵入によって滅ぼされてしまう。そのとき、わずかに生き残っていたローマ教会が、やがて中世にゲルマン人の中に勢力を広げます。これがローマカトリックです。

そう考えると、ローマカトリックというものの位置が大変よく理解できると私は思います。たとえば、イタリアに旅行に行ってカトリック教会を訪れますとびっくりします。私は何年か前にチェコに行きました。そのときプラハの古い教会に行ったのですが、入ったときに真言宗のお寺に行ったのかと思ってしまいました。金ぴかのお堂が全部すすけていまして、典型的な日本の古いお寺という感じでした。

イタリアでも教会に行かれるとよくわかると思いますが、造作が決まっています。イタリアの教会には、ぼこぼこと穴が開いているというか、部屋があります。その穴は何かというと、マリア様から始まって、いろいろな諸聖人が中にいるのです。これを見ると、キリスト教がどうして一神教かと思うわけです。

キリスト教が常にがちがちの一神教であったかというと、決してそうではありません。たとえば、イタリアの各都市には守護聖人というものがいますが、その聖人のミイラが教会に飾ってあったりします。そうすると、とてもこれは一神教とは思えません。マリア信仰も専門家に聞きますと、ゲルマン人の地母神信仰が変換したものだそうです。

そういったことをまとめて言いますと、本来都市の中に発生した原始キリスト教がゲルマン人の社会の中に浸透していったときに、ローマカトリックが成立しまして、それが自然宗教化したということです。つまり、ある意味で宗教は行ったり来たりするのですが、都市の宗教から自然宗教へと多少逆行していったという気がします。そしてその逆行していったものがローマカトリックと考えますと、よく理解できるような気が私はいたします。

そして、中世が進んでいきますと、今度はゲルマン人自体が都市化をしてきます。それがルネッサンスです。ルネッサンスの都市の中にゲルマン人が改めて都市宗教としてのキリスト教を作っていきます。それがプロテスタントであると理解できます。そして、そのプロテスタントが飛び火します。ご存知のようにアメリカのファンダメンタリズムというのも新教です。これはアメリカという国を作ってきまして、アメリカは荒野の中に都市がぼこぼことできてくるという形になります。

ずいぶん乱暴に言いましたが、これが私のユダヤ教、キリスト教、イスラム教の理解です。イスラムは最初から都市の宗教です。そして、中世のヨーロッパがちょうどそういう変化の時期にあったとき、中近東ではイスラム教の王朝が盛んになって、壮大な都市を幾つも作っています。

そう考えると、気になるのは、インド・中国はどうなのかということです。ご存知のようにインドにはカースト制度がありますが、この制度はおそらくお釈迦《しゃか》様の頃からあったのではないかと思われます。これは非常に特殊な世界であって、カースト制度そのものがインドの都市宗教と言ってもいいのかもしれません。ヒンズーはインドの宗教ですが、私はそこのところはあまり詳しくありません。

中国に行きますと、これはまたよくわかります。中国というのはたくさんの都市国家がまず成立します。これを中国の歴史では春秋戦国といっています。孔子が出たのもそういう時代ですが、春秋戦国の中国はさまざまな都市国家の集合です。それを最初に完全に統一したのが秦《しん》の始皇帝《しこうてい》です。

始皇帝が中国を統一するまでの時代を春秋戦国といいますが、思想史でいいますと春秋戦国時代の一番有名な言葉は「諸子百家《しょしひゃっか》」です。そういう都市国家に分かれていたときには、さまざまな学者が出た、そしてさまざまな意見があったということを中国人が表現する言葉です。おもしろいことに、秦の始皇帝が中国を統一して以降、漢代から先は中国の重要な思想が儒教に変わってきます。そしてその儒教が延々と現在に続いてくるのですが、これを考えると、間違いなく中国の都市思想は儒教であるということがわかります。

日本では、中国の都市というものを儒教が導いてきた、というように考えられていると思います。つまり儒教に対する偏見のようなものがありますが、私はそうは思っていません。思想もまた社会の中に根づきます。適応現象ですから、適応できる土壌がなければ思想も根づきません。つまり諸子百家というたくさんの思想の中で、中国都市に適応した思想が儒教だけだったというのが、私の結論です。

儒教というのは基本的に都市の思想としての性格を備えています。それは論語を読むとよくわかります。論語の中には、まず第一に、意識が作らなかったもの、すなわち自然への言及がないのです。むしろ自然を扱わないことをもって、我々はそれを儒教的合理主義と呼んでいます。


最も端的な例ですが、私たちが生まれて、年をとって、病を得て死ぬということには、意識はいっさいかかわっていません。それらは勝手に進行していきます。皆さんは気がついたら生まれていたのであって、何月何日に生まれるつもりで、予定日をメモした手帳を持って生まれてきたという人はいないわけです。

気がついたら生まれていて、気がついたらいつのまにか年をとっていて、そしてどこかで病気になるのですが、何の病気にかかるのかと聞かれても返事はできません。私も手帳に詳しく予定を書いていますが、私の告別式の日程はまだ入っていません。それは決して日程にのらないのです。なぜなら、それは意識がどうしてもコントロールできないものだからです。

したがって、論語はそれについては何も言いません。お弟子さんが孔子に「先生、死とは何ですか」と聞きますと、「我いまだ生を知らず。いずくんぞ死を知らん」と言うのです。これを「逃げた」のかというと、そうではない。なぜかというと、私流の解釈をいたしますと、それとまったく同じような言い方を論語は別のところでしているからです。それが「怪力乱神を語らず」です。「怪力」というのは「怪しい力」、すなわち理性でわからないこと、あるいは「乱神」といったような不思議なこと、こういうものについて孔子は答えなかったということです。弟子が「先生、雷って何ですか。どうして鳴るのですか」と聞いても、孔子は答えなかったということです。「怪力乱神を語らず」ということです。

つまり、人間の作り出さなかったものについて儒教は決して返事をしません。それは合理主義ということです。儒教的合理主義の一つの根幹です。そういうものにうっかり返事をするとうそになってしまいます。逆に言うと、そのように自然と意識を画然と区別したところが儒教の非常に利口なところです。ですから、「死とは何ですか」という質問に対しては今のように答えますが、「親の死に対しては三年喪《も》に服せ」ということは非常にはっきりと言います。三年喪に服すということは自分の意識できることですから。儒教が都市宗教であるゆえんです。

私は論語をひっくり返して、孔子が自然について言っているところがないか探しました。するとやはりあるのです。「詩を読みなさい」と言っているのです。そしてその後に理由を言っています。「詩を読めば、そこらへんの動植物の名前を覚えるようになる」と。これを読むと、孔子が説教していた相手が都会の人間で、そこらへんに生えている草の名前も、動物の名前もよく知らない人たちであるということがよくわかります。そういう意味で、中国の都市思想は儒教であると私は思います。

そう考えますと、日本の江戸時代のことがよく理解できます。葦《あし》が生い茂る関東の田舎に大都会をいきなり作り上げる。そういうときに取り入れた思想が儒教であったというのは、必然だったかもしれません。江戸という都市のイデオロギーも、やはり儒教だったのです。

ベトナムの歴史を調べてみますと、やはりまったく同じなのです。ベトナムは王朝が変わって都市を作っていくときに、やはり儒教を取り入れました。中国の周辺の国で儒教を取り入れるのは、その国が都市化するときです。儒教は、都市の思想として、唯一《ゆいいつ》中国が輸出したものです。

では中国人は全員儒教の信者かというとそうではありません。これは非常に重要な点ですのでお話ししておきますが、中国では都市の住民は二割か三割で、七割、八割は農民なのです。これが中国の一番わかりにくいところです。儒教はその二割か三割の人たちの思想ですから、そんなものは中国人全体からすればほんの少数派です。農民を相手にしたら、負けてしまいます。これが中国の政府と民衆が、根本的にある意味で乖離《かいり》している理由だと思います。

農民の中、つまり七割から八割の人の中に広がっている思想は、老荘であろうと私は思います。ですから中国は儒教と老荘の二本立てになりますが、重要なのは都市の思想が儒教であるという点です。私たちは中国をみるときにどうしても都市が中国であるという見方をします。なぜなら、我々は中国から文字を取り入れたからです。文字を扱うのはどういう人かといいますと、当然のことながら知識階級です。知識階級というのは本来は田舎にはありません。学者というのは都市ができてきたときに栄える職業です。農村で晴耕雨読というのは大変難しい。どちらかというと働いたほうが価値がありますから。

中国では七、八割が農民だということを、私たちはちょっと誤解していまして、二、三割の都市こそが中国であるとどこかで思い込むところがあります。そう思い込んだ典型が日本の陸軍でした。ですから戦争中に、都市を全部占領して、その間の道路を封鎖したら中国人はへたばると考えたのです。それを戦後に毛沢東《もうたくとう》が笑いました。当たり前です。七割の人はよそに住んでいるのですから。現在もいつのまにか、中国論というのは中国都市論になってきているような気がします。

毛沢東という人は、この七割、八割の中から出てきています。もともと農村の出身で、農村型の思想の人です。中国共産党の革命にかかわった人はほとんど外国留学の経験がありますが、毛沢東にはない。土着の中国人です。その毛沢東がやった大事件というのが文化大革命です。

文化大革命の標語の一つが「批林批孔《ひりんぴこう》」であったということをよくお考えください。孔子批判です。あれは中国流の都市批判であると考えると、よく筋が理解できます。ですから、若い人に対して下放《かほう》をしました。農村や工場へ大学生をやって生産現場で働けと言ったわけです。「都市だけが世界ではない」ということを非常にはっきりと言ったわけです。

しかし、アジアでこれをやりますとだいたいひどいことが起きます。カンボジアのポル・ポトがまったく同じです。これが都市と農村の難しいところで、農村方が天下を取ると文化大革命が起こり得る。これは都市のインテリに農村のやり方を広げようとするとうまくいかないという典型的な例です。

ずいぶん乱暴ではありますが、そういうふうに考えると都市と宗教・思想との関係が一応見えてくるような気がします。しかし皆さん、もしかするとまだぴんとこないかもしれません。それはなぜイデオロギーが都市の人に必要かということです。そこをちゃんと納得していただかないといけません。先ほど申し上げましたように、江戸という都市は儒教をバックボーンとしています。また、「ユダヤ教があったからユダヤ人はいつまでも絶えない」というお話をしました。私は、都会人には、何らかのイデオロギーが、おそらく絶対に必要なのだろうと思います。

都市の民とは何か、ということを見事に一言で言ったのが荻生徂徠《おぎゆうそらい》です。荻生徂徠は江戸の人間を指して「旅宿人である」と言っています。「旅宿人」というのはどこにも根づくところがない、要するにふらふらしていてあてにならない人たちということです。転々と住むところを変え、仕事を変え、そして上昇していくというのがアメリカ人の理想的な世界です。それは都会の人間の習性です。そして実は自分自身も大変頼りがないのです。頼るものがない。だから日本ですと会社に頼ります。会社人間と言われるのは、私はそういうことだと思います。

農民は違います。農民は土地に張りついている人たちですから、自分のアイデンティティが半分、土地にあります。だから名字《みょうじ》がなくてもよかったのです。名字がないのは封建的なのではなくて、土地が実際にその人のアイデンティティとして成り立っているからです。これは何も日本だけではありません。

ヨーロッパでも、改めてルネッサンスの頃に都市ができ上がってきますと、そこに活動する西洋人が土地の名前をつけるわけで、レオナルド・ダ・ビンチというのもそうです。ビンチ村というのはレオナルドが生まれたフィレンツェ近郊の小さな村であって、あいつはビンチ村のレオナルドだということになるのです。つまり、土地の名前が半分、自分のアイデンティティになっているのです。

そのように、土地に張りついた人がいかに強いかという例が成田（空港建設反対闘争）です。あれがサラリーマンでしたらあそこまで頑張れずに、途中でおりてしまうと思います。人間というのは土地にアイデンティティがあるときには非常に強いものです。

それをよく示しているのが第二次大戦中のナチスにおけるユダヤ人の運命だと思い

ます。私は第二次大戦中に小学校に通っていましたから、あの戦争のことは人ごととは思えません。しかし、何とも理解できなかったのは、なぜ三〇〇万のユダヤ人が黙って殺されたかということです。それも今になるとよくわかります。都市の人間というのは、状況によっては一〇〇万でも二〇〇万でも黙って殺される人たちです。それくらい弱いものなのです。それに対して、農民を一〇〇万殺したらえらいことです。だからロシアを攻めに行くと負けるのです。ロシアというのは非常に古い国ですが、基本的にその国を背負っているのは農民ですから、そこへ軍隊が入って行っても、最後には追い帰されるんですね。

都市というのは、実は土地のかわりにイデオロギーを持たないとアイデンティティがないのです。都会の住民は非常に心もとないのだと私は思います。ですから、世界中で都市宗教というものが成立し、伝統化していく。それがイデオロギーとしてそれぞれの都市社会を支えているのではないかという気がします。

ひるがえって戦後の日本を考えますと、非常におもしろい。戦後の日本というのは、イデオロギーなしに急速に都市化が進んだ最初の社会ではないかという気がするのです。そして、比較的ニュートラルな都市化をしました。ですから日本全国どこに行っても町がないところがないということになったのです。これはイデオロギーがないから当たり前のことで、「こうやってはいけない、ああやってはいけない」ということが何もないからです。

これがイスラムですと、羊の食べ方からしてうるさい。「こうやって殺した羊でなければ食べてはいけない」「豚なんか食べてはいけない」ということを言われます。私の教室におりました留学生の方は、頼んだチャーハンにたまたま豚肉が入っていましたのでどうするかと思ったら、細切れになって入っている豚肉を全部はしで出しておりました。そういうものがある人は都会でちゃんとやっていけるのです。私なんかは「都会の人間じゃないな」と実はいつも思っています。

日本が戦後五〇年、イデオロギーなしの都市化をやってきたとなると、これは逆に、世界の常識をひっくり返してしまった稀有《けう》のケースということになると思います。

日本には非常に古くに仏教が入ってきました。この仏教のご本家はインドで、日本に来る途中でお経になりました。中国経由できますからお経は全部漢字で書いてあります。では、中国もインドも立派な仏教国かと思うとそうではないわけです。お寺も中国には観光用の寺しかありません。インドにもほとんどありません。ところが、日本には今でもたくさんお寺があります。

日本のほか、モンゴル、チベット、ネパール、ブータン、スリランカ、ミャンマー、タイ、カンボジア、ラオスというように、中国とインドという二大都市文明圏をぐるっと取り囲むように仏教が生き残っています。これはもう見事なものです。つまり、これらの国では仏教が自然宗教になってしまっているということです。

日本は、儒教的イデオロギーを封建的と称して戦後、徹底的につぶしました。ご存知のように戦後、教育勅語《ちょくご》が消えました。教育勅語は典型的な儒教思想ですが、それだけではなく、あれは大変日本的な儒教思想でした。台湾では小学校の校長先生はみんな日本人だったのですが、副校長は現地の人たち、すなわち中国人でした。その副校長たちが教育勅語を額に入れて飾って、「とうとう日本人もこういうことを言うようになった」と感心したというのです。その教育勅語を、戦後つぶしました。

私は教育勅語の現物を手に入れようとしたことがあります。だいたい覚えているのですが、あれは漢字が難しいですから、書いたものがないと引用などが思うようにできないからです。ところが、現物はなかなかないのです。百科事典で「教育勅語」と引きますと、いついつできて云々《うんぬん》ということは書いてあるのですが、中身については書かれていないのです。辞書に中身が載っていないのです。要するに、日本は教育勅語の中身を戦後、徹底的に消してしまったのです。私が今持っている教育勅語は、橿《かし》原《はら》神宮で五〇〇円で買ったものです。

そういう形で日本は確かに教育勅語の中身を消したのですけれども、その精神は綿々と今も生きているのです。あれを作ったときの文部大臣は芳川顕正《よしかわあきまさ》という人ですが、教育勅語の中に入れなかったことが二つあると言いました。それは宗教と哲学です。宗教と哲学を除いて作られた勅語とは何かというと「マニュアル」であります。まさに人生のマニュアルです。それは、自分で自分の生き方を考えるなということです。そのかわりこのとおりやれということです。

教育勅語の中身そのもの、字面《じづら》をきれいに消しました。辞書を引いても出ていません。しかし、教育勅語の精神は戦後脈々と生きています。したがって、公教育ではいっさい宗教と哲学に触れないというのが日本の特徴なのです。これはおそろしいくらい潔癖です。私は私立のカトリックの学校にいましたのでよくわかっていますが、公立学校と一番違うのはそこでした。それが教育勅語の伝統です。

日本には自然宗教としての仏教が残ったのですが、日本が戦後五〇年で急速に都市化してしまったものですから、言ってみれば仏教があわを食ってしまったわけです。そして何が起こったかというと、いろいろな宗教が新たに出現してくる。それが創価学会であり、幸福の科学であり、オウム真理教であり、さまざまな新興宗教であると思います。そういうものをちょうどイスラム教とかキリスト教とかユダヤ教のように頼りにして、頼りない都市の人が生きようとするわけですが、新興宗教というものは歴史がありませんのでどうしてももろいのです。そしてどこかでぼろが出てしまいます。

私もよく学生に「宗教を信じるならなるべく古いものにしたほうがいい」と、こう言っています。やはり長い間いろいろなものを通り抜けてきた思想ですから適応力が強い。ですから、キリスト教でもカトリックとプロテスタントをくらべますと、プロテスタントのほうが乱暴なことを言います。ご存知のようにアメリカはプロテスタントの国ですから、とんでもない宗派がいろいろ出てきます。モルモン教もそうでしょうし、言っては申し訳ないのですがエホバの証人も医者の間では評判が悪いものです。

実は、私が現在いちばん興味を持っていることは、日本が今後どうなるかという問題です。つまり、イデオロギー抜きで都市の民というものが成り立つのかどうかということです。日本は戦後、しようがないから古い共同体を残してきまして、それを企業なり官庁なりという組織にまでもっていきました。その共同体に対していわばイデオロギー的な忠誠を尽くすことで、戦後の都市化を何とか乗り切ってきたのではないかと思います。それが現在になってもうだめになりました。

今までは、会社が総会屋に利益提供を行っていて、あれで捕まるのは総務部長、自殺するのは課長と、だいたい決まっています。まじめなサラリーマンです。しかし今や、そんな会社に対する忠誠心だけではやっていけない世界になっていることは、はっきりしています。

やはり人は弱いですから、何らかのイデオロギー、頼るものが必要になってくる。しかしそれがない。そして、そういうものなしで都市化を進めることができるかどうかというのが、今、日本のやっている実験ではないかと思います。もちろん皆さん、意識はしていないと思いますが。

ですから先ほど述べたように、妙なものがたくさんできてきて、地下鉄でサリンをまいたりします。あれはまったくわからない事件だと今でも思います。逆に言えば、そういう頼りない人たちが、いかに頼りないかということをよくあらわしている。何を考えているのかわかりません。

二、三日前の新聞に出ておりましたけれども、何も聞きたくないと言って目をつむっている麻原彰晃《しょうこう》のことが書いてありました。それに大勢のまともだと思われる人たちがついていってしまうのです。そのくらい都市の民というのは頼りないものだということを皆さんも意識しておいたほうがいいかもしれません。三〇〇万のユダヤ人がなぜ黙って殺されるかというと、それは都市の民だからであると私は言いたいのです。

現在の日本人についてお話ししましたけれども、ちょっと歴史的に見てみたいと思います。明治以降、都市化を急速に進めてきて、それを近代化とか西洋化とか、いろいろな言葉で呼んできましたが、ともかくやったことは都市化です。そして都市はそれだけでは決して立ちゆきません。つまり都市だけでは食っていけないということは誰にもわかります。田舎が必要です。

都市はエネルギーを消費するところです。東京を見れば一目瞭然《りょうぜん》です。エネルギー、つまり石油と原発を切ってしまったら東京はアウトです。今の東京という町は三割が原発で七割が石油で維持されています。過去において古代都市が維持されたのは全部森林のおかげです。森が維持してきたわけです。ですから森がなくなると都市がちゃんとつぶれるようになっています。それだけのことなのです。

古代都市があった地中海沿岸、中近東、インド、中国を旅行されると一目瞭然です。

そういう所は、私は旅行しません。なぜかというと森がないからです。写真で見ても、これは昔森だったところのなれの果てだということがわかります。それは、都市ができあがって徹底的に森林資源を使い尽くしたからです。

日本はそこがちょっと違います。日本の国というのはある意味で大変自然に恵まれていると昔から言われています。『古事記』にある「豊葦原瑞穂の国《とよあしはらのみずほのくに》」という日本の国を形容した表現を読むと、『古事記』というのは外から日本にやって来た人が書いたものではないかと感じます。

大陸というのはからからのところで、二、三日いたらのどが痛くなります。日本に帰ってくると大変湿気があると感じます。だからあれは大陸経験のある人が書いたに違いないと私は思います。日本に初めから住んでいて、日本にずっといる人だったらそれは当たり前だと思っていますから、あんなことは書かないと思うんです。

日本では、植物が非常に豊かに繁《しげ》ります。鎌倉《かまくら》は七〇〇年前から都をやっているわけです。これが中近東だったら、からからの砂漠になってしまっているでしょう。私が車で帰りますと、運転手さんが「いいところにお住まいですね」と言います。どこがいいのかというと、緑が多いところだ、と。「緑なんて過疎《かそ》地に行けば捨てるほどあるよ」と私は言うのですけれども。

要するに、七〇〇年前から都市をやっているのに、ちゃんと山、丘が残っているのです。七〇〇年前はどうだったかというと、絵図が残っています。鎌倉の周りは丘ですけれども、そのてっぺんは、人間が馬に乗って、二、三人並んで走れるくらいの広い道路になっていました。防衛上の道路で、つまり砦《とりで》の上に道を作ったようなものです。今はそんな跡はまったくありません。山になっています。

新潮社や筑摩書房に勤めておられた野原一夫さんという方が、太宰治《だざいおさむ》が一度、鎌倉八幡宮の裏山で首吊《つ》りをしようとしたということについて書かれました。私は、今の鎌倉八幡宮の裏山の状況を見て、太宰があんなところで首をくろうとしたと考えては困るということを書きました。なぜかというと山の様相がまったく違うからです。

終戦直後の鎌倉八幡宮の裏山というのは写真が残っていますが、たいした山ではありません。背の高い松がちょろちょろと生えた丘です。五〇年たったらどうなったかというと、まったく手を入れていないので照葉樹林に戻りつつあります。もちろん人間の植えた木がまだずいぶん残っていますが、これをもう少し放っておきますと、葉っぱのてっぺんがそろった常緑種の照葉樹林に最終的には変わっていくでしょう。

しかし五〇年前には枝ぶりのいい松があって、よく人が首を吊りました。それがほとんど全部枯れまして、人が簡単に近づけるところにいい枝ぶりの松がなくなったので、最近あそこで首吊りをする人はいなくなったのですが、五〇年前は写真で見ても非常にいい枝ぶりでした。ですから太宰が首をくろうとしたのもわかるのですが、これがあっと言う間に今のような様相になってしまったのです。

日本の自然はそういう意味で非常に強靭《きょうじん》です。群馬県より南の日本の場合はいずれは照葉樹林になってしまうのです。これで安心して日本人は暮らしてきたのです。しかし、さすがに最近の農薬とブルドーザーにはかなわないので、だいぶ傷《いた》んできました。

日本の自然がそのように非常に丈夫だということから、日本人の文化的なイデオロギーでない心性というもの、伝統というものができ上がってきたと私は思っています。それを代表している一番端的な考え方が「手入れ」という思想です。

自然というのはみんなそうですが、「自然のまま」にしているわけです。それに対して人工そのものの意識というのは「思うようにする」ということです。自然は思いのままにならない典型です。自然は非常に強いものですから、これを思いのままにしようとしても無理だということはわかっています。そこでどうするかというと、これに手入れをして人工のほうに引っ張るわけです。これが本来の手入れです。田んぼを放っておくと、畦が崩れて雑草がどんどん生えてきます。だからお百姓さんは手入れをして雑草を抜いて、畦《あぜ》の手入れをします。これが田んぼの手入れです。あるいは、山を放っておくと屋久島《やくしま》の森林のようになります。しかし、日本の里山はそうではなく、松が生えた山です。松でしたら日が射《さ》すので邪魔になりません。すると下のほうに雑木が生えます。さらに雑木の下に草が生えます。その雑木をしょっちゅう切って薪《まき》にしていました。そして下のほうに茅《かや》などが生えてくると、それを茅葺《かやぶ》きなどに使ったわけです。そういうように手入れをして、ああいう里山の状態ができていたのです。

東京というのは典型的な人工世界です。有明《ありあけ》なんかは地面からして人間が作っています。それに対しては屋久島は自然のままです。屋久島もだいぶ手が入りつつありますが、それでもまだ自然に近い原生林が残っています。そのどちらでもないのが里山です。

先週ベトナムに行きました。ベトナムに行くにはバンコクから飛ぶのです。直行便が関西空港から出ていますが、私はタイから行きました。上空からバンコクを見ていますと、タイの人がメナムと呼ぶ大きな川が流れています。あの周辺を見ていますと、その景色が非常にはっきりしています。見事な碁盤目状の運河をめぐらせています。その縁だけが緑色になっている。この緑の中に赤い屋根の家が並んでいます。ですから、バンコク周辺の農村の構造が非常にはっきりとわかります。碁盤目状に運河をめぐらせて、運河の周辺だけに木を植えて、その木が植えてある範囲内にだけ家が建っているのです。上から見るとわかります。

次にタイやベトナムの田舎の上を飛びます。その辺りの山岳に近いところは、住んでいる人が違います。山岳民族です。上から見ると地面の使い方がむちゃくちゃなのです。整然とした風景というものはなくて、人間が地面を引っかいているという感じがして怖かったのを覚えています。飛行機の上から見て、何ら適当な法則を発見することができませんでした。このような風景を見慣れて、最後に成田に帰ってきました。雲を破って地面が見えたときに本当に愕然《がくぜん》としました。ものすごくきれいなのです。上から見ますときれいに山の縁があって、田んぼがあるのですが、この輪郭が何とも言えず見事でした。人があるルールでやっているということなのですが、このルールは何だというと複雑怪奇なルールで、「なるほどこういうものを複雑系と言うのだ」とすぐにわかるわけです。

バンコクの周辺の人たちと西洋人が話をしていたら、最終的に話はつくだろうと思います。日本人と話をすると、「何を考えているんだ」とアメリカ人はすぐにヒステリーを起こします。それはこのルールを、日本人は自分では説明できないからです。放っておけば原生林になってしまうところを、一所懸命手を入れている。「どうするつもりだ」と聞かれても「つもり」がそもそもない。「つもり」でやったのではなく、どこかで収まってしまったのです。実はこの感覚が手入れの感覚です。これが日本人のバランス感覚です。

　これはよくお話しすることですが、人工世界には昆虫がおりません。東京で昆虫採集をしようとしても昆虫はいません。屋久島や白神山地《しらかみさんち》などには特殊なものがいます。原生林には原生林の昆虫相がありますが、それは特殊なものであって、それを豊かというふうに我々は言いません。虫の種類が一番豊かなのは里山です。いろいろなものがいます。白神山地や屋久島でモンシロチョウを探してみてください。一匹も捕れません。キャベツも菜の花も大根もありませんから、あんなところにいるわけがありません。

　それでは人間がいないとき、モンシロチョウはどこに住んでいたのかと考えてください。もしかすると、とんでもないめずらしい種類だったのかもしれません。そういうものが里山にいくらでもいるのです。ですから専門家は里山の生命系というのは非常に豊富であると言います。それは、自然のままでもなければ、人工そのものでもないからです。人間が手入れをしていって作った世界だからです。それが日本的な世界の特徴だと思います。

その話をちょっと進めますと、典型的な同じやり方が子育てだと思うのです。子どもというのは思うようにしようとしても、そうはなりません。かといって放っておけば、自然のままですからどうにもならない。ではどこへもっていくかということになりますが、どこへもっていったらいいかは誰にもわかりません。とすると、大事なことは、お化粧にしても子育てにしても、結局毎日毎日手入れをするということになります。どういうつもりでどこにもっていくのかはわからないのだけれども、それが見えなくてもともかくそれをやるのだということです。そうやってきたのが私たち日本人の生き方で、それはある意味で自然が非常に強いところの特徴です。

西洋なんかは、庭でも何でも左右対象に造ります。まっすぐ線を引いているから、歩いていると突然眠くなります。日本はそうではありません。日本庭園というのは歩くたびに風景が変わるようになっています。これがそれぞれの生き方を非常によく示していると思います。アメリカ人はものすごく単純です。どのくらい単純かというと、つい最近「複雑系」というものを見いだしました。彼らは初めて物事が複雑であるということを発見したのです。複雑系は、私たちの伝統的なニュートラルな生き方なのです。

しかし、これが東京ですとそうはいきません。そこでは、すべてを人間の意図でやっているからです。

例えば、最近、「金融の透明化」とよく言いますが、「透明化」とは意識ではっきりわかるようにしよう、ということです。私はそういうことに全然関心がありません。なぜかというと、人間がいかに不透明であるかということがわかっているからです。透明な部分を作ると、当然ながら、不透明な部分はどこへいくのかという疑問が生じます。不透明な部分がどこかに隠れるのです。

だから「総会屋はけしからん」「利益供与はいかん」と言うと何が起こるか。社長さんの給料を月に一〇〇万くらい増やします。重役の給料も増やします。そしてその分を黙ってプールして総会屋に支払う。そうなるに違いありません。これは会社の利益から払っているのではありませんから違法行為ではないと思います。そういう形が行き着くところまで行ったのがイタリアのマフィアで、そうなると誰がマフィアかわからないのです。

何が前近代的で、何が近代的か、分けられないところがあるのです。物事が透明であるのは結構なのですが、透明でなければいけないと言うのは、不透明な部分を見ていない人です。

科学の世界も実はまったく同じです。科学の世界で、完璧《かんぺき》なように見える理論が、あるときひっくり返ることがよくある。なぜでしょうか。

美しい理論というのは、要するに「ごみため」が見えないから美しく見えるのです。できたての頃は、まだごみためがありませんからきれいな理論だと思うわけです。しかし、その理論にしたがってものを考えていくと、だんだん具合の悪いことがたまってきます。

理論からするとこれはどうも説明がつかないという事実がしだいに蓄積してきて、それをごみためと私は言っています。そういったごみためが限度を超すと、ごみためが自己崩壊を起こして全部が壊れてしまいます。そうすると、今度はごみためのごみを含めて、もう一度新しい理論を構築しなければならなくなります。

それが意識と世界の関係ではないかと、私はなんとなく思っています。私たちが世界をきれいに説明したら、当然それはどこかで壊れてきます。理論がはっきりしているほど、そこに合わないものがしだいにたまってくるからです。私がここで言っていることもまったく同じで、おそらく、いずれそういう経過をたどるだろうと思います。

ここまで、ずいぶん乱暴に世界史から日本史まで行ってしまったのですが、私が「都市化」と言ったことがどういうことであるか、何となくわかっていただけるのではないかと思います。この問題をイデオロギーで拾うというのは都市の人間のやることで、私は、根本的に定義すれば、考え方は田舎の人間ですから、「手入れ」になってしまいます。「ああしろ」「ああすればいい」「こういうふうにしろ」「こうすればいい」と言うことはできないのです。手入れの思想から言えば「ああすればいい」ということが成り立たないのです。毎日毎日手入れをしていくしか仕方がありません。自然のものに対してはそうするしかないということです。

そして、それに対して答えを要求するのは無理です。ただ、都会の人がなぜそういう答えを要求するかというと、先ほど申し上げたように、心もとないからです。自分のよるべがないからです。「どういうふうになるのか先読みしてくれ」と、必ずこういうふうになります。意識というのはそういうものです。

しかし、人間は意識だけでできているわけではありません。意識というのは脳のほんの一部です。皆さんは眠っているときもちゃんと呼吸をしています。呼吸をするのは脳の機能です。だけど皆さん、夜寝ながら考えて息している人はいないでしょう。けれどもちゃんと一分間に一六回呼吸をしているのは、延髄がきちんと働いてくれているからです。「じゃあ夜、延髄がさぼったらどうなるんだ」と、そんな心配をしたら夜も眠れなくなってしまいます。

意識というのは脳がやっていることです。しかし、息をするということ一つをとっても、ほとんど意識しないでやっている。とすると、脳全体の働きのほうが意識より広いに決まっています。その脳は体の一部ですから、体のほうが脳よりも広いに決まっているわけで、その一番狭い意識が「脳がどうだ」「体がどうだ」といっても不十分に決まっているわけです。

社会の透明化とまったく同じで、透明化された部分が意識化された部分です。今言ったように、人間というのは無意識のほうが大きい。部分が全体を説明するということは不可能です。だから、一所懸命考えてせっかくうまく作ったのにわけがわからないということになってしまうわけです。

今の金融騒動というのは本当におもしろいなと思います。物理のビッグバンならわかりますけれども、金融のビッグバンというのはよくわかりません。私が唯一《ゆいいつ》知っているのは、ビッグバンになると銀行や証券会社がつぶれるかもしれないということです。それでビッグバンにこれからなるからと準備していたら、銀行も証券会社ももうつぶれているのです。だからこれはビッグバンかと思うのですが、答えはよくわかりません。そんなものです。意識の世界というのはそのくらい狭いものだということです。

意識中心主義というのは実は都市の思想である、なぜなら都市というのは意識の産物だからだと言いました。私たちはその中に住んでいるのだ、ということを考えれば何とかなるかなと思ったわけです。

最初に申し上げましたように、私は解剖という仕事をやっていまして、相手が変わってくれないから全部自分で作業して自分で考えなければいけない。だからさんざん考えます。「下手《へた》の考え休むに似たり」と言いますけれども、そういうことをずっとやってきたのです。そのうえで申し上げるのですから間違いないのです。

子どもが小さい頃、「勉強しろ」と女房が言っていました。私はだいたい家ではばかにされていますから、「いくら勉強してもせいぜいお父さんくらいだよ」と言ったら、子どもは妙に納得していました。そんなものです。

[聴衆からの質問]

質問1 脳死問題についてお伺いしたいと思います。今回の脳死問題の法律のねじれというものが、先生のお話を伺ってよくわかるような気がしました。中山案は「脳死は医学的に死である。だからその後の行動を自己決定する」と言っています。ところが、参議院の猪熊《いのくま》案は「脳死は死であるか生であるかはっきりわからないからそれは決定をしない。その決定をする物差しを自己決定で選びなさい」と、こういうおかしなことを言っています。つまり、物差し自体を自己決定で選びなさいということですから、そういう意味ではむしろ大変先にいってしまったという感じを私は受けました。

やはり先生のお話にあったように、意識はあまりあてにならないという世界との葛《かっ》藤《とう》があそこに出てきたと受け止めてよろしいでしょうか。

養老 ちょっと難しい問題だと思います。これは私の個人的な意見なのですが、まず「医学的に死だ」というふうに言ったのは、私は一般的には間違いではないかという気がしています。「生きている」「死んでいる」というのをどう分けるかということですね。現在はやりの言葉で「情報系」という言葉がありますが、生き物というのは情報系を二つ持っていると私は言っております。一つは遺伝子系で、もう一つは神経系です。

遺伝子系をわかりやすく言い換えると「ゲノム」です。ゲノムとは何かというと、ある一組の遺伝子があって、その一組の遺伝子があればその種が決定できるというものです。つまり犬は犬のゲノム、人は人のゲノムを持っていますから、必要最小限の遺伝子の一セットというものを種について考えますと、それをゲノムと呼ぶ。皆さんはみんなそれを二組お持ちです。父方と母方から一セットずつもらって、ダブルで必ず持っているわけです。大腸菌なんかはもちろん一セットしか持っていません。

神経系のほうは私は簡単に「脳」と言っています。体中に神経系が張りめぐらされていますから、脳と言うと狭くなってしまうのですが、具体的にそう言っています。これが脳死の話になると、脳が死ぬというのは神経系のことになってしまいます。しかし、ゲノムという情報系は動いています。それが生きているのか死んでいるのかということがけんかになる理由です。では、脳のない生き物は死んでいるのかということになってしまいますから。

生物的に言えば、植物だの大腸菌だのアメーバだのというのは脳なしでできていますから、そういう意味で言えば、生きているという定義と脳は関係がないのです。

我々はむしろ遺伝子系が機能している状態を生きていると普通に呼んでいるわけです。その常識から考えると脳が死んだから死んだというのはおかしいという話になります。

ところが、別な視点ができるわけです。どういうことかと言いますと、この二つの定義は実は独立ではございません。なぜならば遺伝子系が神経系を作っているからです。ですから、遺伝子系のほうが重要だという考え方は当然、遺伝子の研究者の中では強いものがあります。しかし、その考え方は実験的、経験的には成り立たないのです。なぜならば、遺伝子が脳を作るということを理解しているのは脳だからです。ですから植物はそんなことを理解しないわけです。つまり、この両方のどちらを欠いても人間は成り立たないということです。

脳死問題は、神経系がアウトになったときに人は死んだと決めていいのかということの上に発生しました。遺伝子系は十分機能しうる状態にありますので、したがって死んでいるという一般的な印象がないのです。こういうことだろうと思います。たまたまその二つの情報系が独立してしまった状態が脳死であるわけです。だから私は、脳死は生きていると言っていいと思います。

それからもう一つ、臓器移植そのものについて、私のこういう考え方からしますと大事なことがあります。それは臓器移植というのは果たして一般化できるかという問題です。そこが重要なことだと思います。実は遺伝子を見てもそうなのですが、皆さんがお持ちのゲノム、遺伝子の一セットというのは、ほかの方が持っていないのです。その人限りのものです。それは順列組み合わせで考えたらたちどころにわかるのですが、大腸菌程度の遺伝子が順列組み合わせで数学的にどのくらいの種類があるかというと、一〇の一〇〇万乗なのです。大腸菌でその数です。だから同じ人間ができるわけがないのです。

そうすると、皆さんそれぞれ固有のものの一部を取って、同じく一つしかない人に移すわけですから、そんなことが本来は一般論として成り立つわけがないのです。それがおわかりになっていないと議論が混乱します。

実は個々の臓器移植はすべて別なものです。それを一般化して法律化して、腎臓《じんぞう》移植は腎臓移植ですよと主張しているのが典型的な医師の世界、都会的な考え方です。そういうふうに考えるほうが、とりあえずほぼスムーズにいくからやっているのであって、それは本来の考え方ではないということです。一つ一つの臓器移植は独立のものです。ある人から臓器を取って別の人に植えるという操作は、一例一例が全部違うものだということです。

ですから、逆に言えば、一例一例が全部違うものだという意識があれば、私はそれでいいのではないかと思います。それを忘れて、臓器移植というのはごく一般的なものであり、個々のケースが例外だと考えるのは話が逆だと思います。ひとくくりにはできない個々のケースがある。我々がそこに無理して一般論を成り立たせようとしているということです。

一つ一つの臓器移植は、結局は全部違うものです。和田移植は和田移植です。根本的にほかの移植と同じものではありません。すべての移植が論理的にはそうだということです。しかし、そういうことを言うと、実際の社会で大変困るのです。ですから我々は仮に一般的なものを決めるのであって、それをあまり重たくするのもおかしいのではないかと思います。

先ほども総会屋への利益提供の問題をお話ししましたが、ご存知のように犯罪には法定犯罪と自然犯罪があるといいます。それも完全に区別はできません。私はどういうふうに理解しているかというと、法定犯罪というのは法律があるために起こってしまうものであると考えています。スピード違反なんかは典型的なものです。それに対して殺人のようなものはどうかというと、人を殺してしまうと取り返しがつかないのです。同じ人を生かして返すことはできない。だからこれは自然犯罪です。もちろん両者の区別は極めて難しいものがありますが。

一つ一つの臓器移植を全部個性があるもの、違うものだと言ったのは、これは「自然」として言ったわけです。それを法律的に一般化しました。こちらは別な見方、人工的な見方です。その両者が常にあるのだということを忘れなければ、どこで落ち着いても私は構わないと思います。それがやはり社会の約束事だというふうに思っています。現在の脳死臓器移植の法案もそれはそれで結構です。

ただし、それをやっている医者は、数で勘定しないでくれということです。「この例、あの例」「一例、二例、三例」とよく医学で言いますが、必ず一つ一つが別のものだという考え方を忘れないでほしいと思います。それは大変厄介な注文だとは思いますが、そういうときの現場の医者の判断がやはり非常に重要だと思います。そういう意味で医者は重い職業です。だから医師免許があるのでしょうと、私は言っています。

こちら側からこちら側に臓器を取って移植するというのは、常に未知の世界です。それが許されるかどうかは、結局、個々の医師の判断にならざるを得ないというのが私の考え方です。

質問2　医学や宗教の専門家がたくさんいらっしゃるような中で、こんな幼稚なことを申し上げるのは恐縮なのですがお許しいただきたいと思います。実は、この頃、お寺さんに泊まって、二泊三日くらいで行う研修会がたくさんございますので、私も昨年の夏に全国から一〇〇名くらい集まるものに出てみました。そのとき一時間くらい座談会をしたのですが、ある方が養老先生の名前を出して発言されたのです。

あるテレビ番組で、オウムの電気ヘルメットのようなものについて、アナウンサーが「あれは効くのですか」と養老先生に聞いたら、養老先生が「物差しでたたいてもいいでしょう。もっとわかりやすく言えば神社仏閣の御札《おふだ》とかお守りと考えていいのではないか」というようなことをおっしゃったと言うのです。そうしたら一人の年配の方が「養老先生のおうちは仏教信者であって、盛大に葬式もやるし法事もやる。位《い》牌《はい》も美空ひばり級の大変高い戒名で丁寧なお墓も造るからそういう家庭ではない」と大変怒ったのです。

きょうここで養老先生にお会いして、そのことをふと思い出しました。きょうのお話とは全然関係のない、子どもみたいなことなのですが、お守りなどについて何かコメントいただければありがたいと思うのですが。

養老　「オウムのヘッドギアは有効なのか」と聞かれて、「子どもの頭を物差しでたたくのと変わらないでしょう」と言ったのは覚えていますけれども、御札の話は覚えていないですね。しかし、そういうお守りとか御札については私はずいぶん考えたことがあります。こういうものを私は何と呼んでいるかといいますと、「シンボル」と言っています。シンボル体系を構成するものと考えています。

我々のような現代人類は数万年前、一番古く計算する人で二〇万年前から出てきたと言われています。それ以前の人類はご存知のようにネアンデルタール人です。ネアンデルタール人から現代人への変化の中で一番大きかった出来事は何かと言うと、現代人はシンボル体系を自由に操るようになったということです。

シンボルとは、いわば頭の中の世界のもので、その世界の典型的なものにお金があります。慣れた犬ですと肉屋に買い物くらい行きますけれども、お金の計算だけはできません。それはなぜかというと、お金というものがわからないからです。お金というのはご存知のように貝殻でもいいし、金でもいいし、何でもいいわけです。そして、なぜそれが使われるかというと、その裏にあるシステムがあるからです。そのシステムというのは、わかりやすい例をとりますと、ゲームが典型的にそうなのです。

ゲームで使う道具というのは、ゲームを知らない人には何だか全然わかりません。私はゴルフをやりませんので、あの七つ道具はいっさいわかりません。何かいろいろな棒が入って、先のほうがふくらんでいます。あれで球をたたくということは知っていますが、どうしてあんなにいろいろな種類がいるのかわかりません。野球だったら一本で済むのにと思います。ちょうどそういうふうなものです。

また、マージャンのパイにもいろいろな種類がありますが、マージャンのゲームを知らない人には何が何だかわからないでしょう。碁盤や碁石もそうです。よく言うのですけれども、人類が完全に滅び、宇宙人がやってきて東京湾を発掘したとき碁盤と碁石が出てきたら、「これはいったい何に使うものだ」といくら考えてもわからないだろうと思います。

そういうふうなものが実は現代人になった瞬間に出てまいります。大昔から人間は火も使うし道具も使ってきました。動物も道具を使います。ですから、道具を使うことが人間の特徴ということではありません。現代人、つまり我々人間の一番大きな特徴はシンボル体系を操るということです。

ネアンデルタール人の遺跡から出る道具はすべて実用的な道具です。石を削ったナイフ等々です。そういうものは出れば何に使うものかはたちどころにわかります。お金が出ますと、場合によっては何に使うものかわかりません。

シンボル体系の中で使われるものというのは、実はそのもの自体の用途がわからないものが多いのです。つまり、そのもの自体に実用性がないのです。皆さんが大事に持っておられるお金、これがまったくそうです。お札《さつ》は実用性がございません。あれはトイレで使っても非常に不便なものです。新円切り替えのときには焚《た》き付けくらいにしかならなくなってしまうという、そういうものです。そうすると、お金が実用に使える人というのは銭形平次だけです。

それでおわかりになると思うのですが、実用にしかものを使わないというのが昔の人類です。現代人は実用にならない妙なものを作り出します。そういうシンボル体系の中で一番システムがわかりにくいものが、今おっしゃったお守りのたぐいです。猿など、ああいう動物はお守りのようなものを決して作らないのです。

私が知る限りで最も古いお守りは、ハンガリーで四万五〇〇〇年くらい前の地層から出土したものです。これは象の歯を薄く削った、非常にきれいな楕円《だえん》形の板です。象の歯というものは非常に大きくてやたら重たい。上から見ると楕円形です。それを薄い板にしている。グラインダーも何もない時代に、そういう歯をきれいに薄い板に変えているのです。

どうしてそれがお守りだとわかるかというと、実はオーストラリアのアボリジニーという人たちが、木で作った同じようなものを持っているからです。ちょうど手にすっぽり入って、象牙《ぞうげ》に近いものですから感触がいいのです。そういうものが出てきますと、それは現代人が作ったものだということが歴然とわかるのです。

今のお守りの話というのは私はこんなふうに理解しています。ある意味でもっとも人間的なもの、人間らしいものだと思います。要するに、それ自体に実用性がないものです。しかし何だかわからないけれども人間はそういうものを作って、それを使っているのです。そしてどうしてそれが使えるかというと、頭の中にあるシステムがあるからであって、それが今のお守りの場合ですとある価値観の表現になっているのです。

先ほどおっしゃられた「お守り云々《うんぬん》」ということについては、私はそういう意味で言ったつもりは全然ありません。何て言ったか覚えていません。よろしいでしょうか。

質問3　先生の提唱されていらっしゃる「唯脳論《ゆいのう》」ということですけれども、哲学で扱う存在論と認識論に関連できるのかと考えています。先ほど意識と世界のことについて少し触れられていましたけれども、その辺をもう少しお話いただければと思います。

養老　質問の範囲が広いので何をお答えしていいのかわからないのですけれども、一つ一般的に誤解があるかもしれないと思いますのは、唯脳論というのは編集者がつけてくれた本の題であって、脳だけが世の中にあると言ったわけではないのです。それは本をお読みいただければおわかりになると思います。

存在論あるいは実在論については、人間が世界を把握するというのはどういうことか、実在するものとは何かということです。おもしろいことに、私は日本人が本当に実在について議論するということを聞いたことがないのです。「実在とは何か」ということは西洋人はよくやりますけれども、日本人はどうも実在ということについてあまり追求しないところがあるのではないかと思います。何かが実在することを、当たり前と思っているのではないかと思います。

そしてたぶん、日本人にとって唯一の実在というのは世間ではないかと考えています。子どものときから「世間の目」とか「世間様に」などと言われていますから、世間だけは間違いなく実在していると思っているのではないでしょうか。しかし、どうも物が実在するとかそういうことは、あまりお考えにならないのではないかという気がします。

私は実は、実在するとかしないとかということを言いますし、考えます。誰が何と言おうと絶対にこれは実在するな、というものを皆さん、ご自分でお考えになるとよろしいかと思います。私ははっきりしているのです。それは、一つは死んだ人、死体です。普通、死体が実在すると思っている人はあまりいないと思います。

実在ということの定義ですが、どういうふうにその人にとって実在するということを判断するか。それは、実在するものによってその人の行動が変わるからわかるのです。たとえば、幽霊がいるかいないかということを議論します。議論するのはいいのです。しかし、その人が本当に実在すると思っているかどうかは、人間というのはうそをつきますので必ずしも判定できません。

一番簡単な判別法は、夜遅くにその人を墓場に連れて行って一人で置いておくことです。遠くのほうから白いものがぼうっと出てきますと、大急ぎでその人は逃げ出します。そして墓石にけつまずいて足を折る。そうするとその人にとって幽霊は実在するものだったと、こういうのが私の判定の仕方です。つまり、頭の中にあるものがその人の行動に影響を与えるときに、その人にとってそれは実在であるということです。

先ほど私が「日本人にとって世間が実在だ」と申しましたのは、日本人は世間を考えながら行動を調整しているからです。行動が変わります。ですから「旅の恥はかきすて」ということで、世間のない外国に行きますといろいろな悪いことをするのです。日本人にとって外国の社会というのは実在ではございません。私はそんなふうに実在を定義しています。

哲学的に実在を議論するとややこしくなるのですけれども、私が普通は死体は実在でないと言ったのは、普通の方は死んだ人が存在するということで、自分の行動が何らかの意味で影響を受けるということはないからです。なぜなら、死んだ人はできるだけ見ないようにしていますし、もしそこら辺に死体がころがっていれば大急ぎで逃げると思うのです。ですからそういうときだけ死体が実在するのであって、ふだんの行動に死体があるということはありません。

私は、先ほども「自分の告別式はわからない」と言いましたけれども、そんなふうに意識しているのは、三〇年間たえず死体を見てきたので「自分もいずれこうなる」と強い確信をもっているからです。日常の考え方なり行動が影響を受けているということです。実在とはそういうものだと思います。ですから、あまり哲学的・宗教的に考える必要はないものだと思います。

質問4　先ほど脳と遺伝子と自己の意思という三つの関係をお話しされたと思うのですが、実は私は八年前に不妊症で手術をいたしました。そしてその結果、二人の子宝に恵まれたという経験がございます。昨今の環境汚染、特にダイオキシンの問題等で不妊症が増えていると報道がされていますけれども、そのような障害に抗《あらが》うような形で私自身のからだを自分の意思で改造し、子どもを得たというふうに理解していました。

ところが、よく考えてみると、それも遺伝子の利己的なわざの一つなのではないかと。ドーキンス博士がおっしゃるように、実は遺伝子に操られて自分のからだを改造し、そして子孫を残せというようなことで自分が動かされているのではないかという考え方もできるのではないかと思っています。自分の意識と遺伝子の指令、それから脳、その辺をちょっと整理して考えたいと思っているのですが、お願いいたします。

養老　ドーキンスの『利己的な遺伝子』は大変にポピュラーになっていますけれども、私はクエスチョンマークを最後につけているのです。あれは説明の仕方なのです。世界をああいうふうに見れば見ることができるという考え方が何通りあるか、と私は時々言っています。たとえば、人間を説明するとき、人間というのは必ず自分の利益、あるいは快楽を最大にするように行動するものだという考え方があります。いくら苦労しているように見えても、そこには結局後でもっと大きな楽をしようという意図があるのだ、と。そのように見れば、確かにそういう説明がつくのです。

ドーキンスの言われた利己的遺伝子というのは、ご存知のように自然選択説の一部です。自然選択という考え方を、私は日本の方にもう少しまじめにお考えいただきたいといつも申し上げています。というのは、自然選択説もある意味で、世界を説明する仕方の一つであって、自然に限らず、どういうことについてもその仕方で説明が一応できるからです。つまり、これは典型的な結果論です。

自然選択というのは自然淘汰《とうた》と昔は言っておりましたが、私はどちらでもよろしいと思います。結局、「生き残ったものが適応した、適応したものが生き残る」という考え方として乱暴に理解できますが、そのときの単位が個体であるのか、種であるのかということが長い間生物学の論争でございました。それがドーキンスの段階で遺伝子に変わるわけです。

先ほどの表現の中に見事に出ていましたけれども、「遺伝子が操作して」とおっしゃいました。それは説明の便宜で、実は、あたかも遺伝子に意図があるかのように説明しますと、人間がよく理解できるからそういう説明をしたのですが、ドーキンス自身だって遺伝子が操作しているとはまったく思っていないわけです。ただ結果論的に見ると、いわば遺伝子が操作しているように見える。その説明が人間には一番受け入れられやすいという、そういう非常にややこしい構造をしています。

ですから、一般の方がつい遺伝子に意図があって、我々がそれに動かされているという考え方をするのですけれども、そうではなくて、ドーキンスの説は、計算上結果論的な、つまり統計的な結論というものからは逃れられないという考え方です。

実は、この考え方は、アングロサクソン型の社会の底流をずっと流れていると思われます。結果優先ということです。適応したものが生き残るということは、生き残ったものは適応したのだということです。それは結論からしかわからないことです。つまり、皆さんの中で、誰が一番適応しているかということはわからないのです。あくまでも自然選択での事後的な説明です。ですから、それを生き方の指針としていくということはできないことなのです。しかし、アングロサクソンの世界では、自然選択説が非常に強い影響力をもってくるということは、彼らは身にしみて本音でそれを考えているわけです。

特に、ダーウィンと同時に自然選択説を思いついたウォーレス（アルフレッド・ラッセル・ウォーレス）の考え方を見ていますと、あれが彼の生活感覚から出た考え方だということがよくわかるのです。

彼がアマゾンにいたとき、弟をそこに呼び寄せます。当時のことですから通信手段がないので、弟の到着をあらかじめ知ることはできません。そして、もうそろそろ着いているだろうと思って行った先で、すでに弟が黄熱病で死んでいることを知るのです。

つまり、ウォーレス自身と弟の間には何ら変わったところはないはずなのに、自分は生き残って弟は死んでいるわけです。その事件がきっかけになって、三年いたアマゾンからウォーレスは引き上げます。そして、そのとき乗った船が途中で火災を起こして沈没して、標本から資料から、全部なくしてしまうのです。しかし、彼は漂流しているところをほかの船に救われます。そういったウォーレス自身の経験が、「わずかでもほかの個体より有利な個体が生き残って進化していく」という説の背景になっていると考えられます。

そういうふうな考え方が、アングロサクソンの社会ではぎりぎりのところから生じてくる。それを我々はもう少しよく理解しませんと、そういう人たちと折り合っていくのは非常に大変なことになると思います。

私は、自然選択説をずいぶん乱暴な考え方だと思います。だけど、この考え方は打ち破りようがありません。というのは、それ自体は間違っていないからです。先ほど申し上げましたが、あらゆることをそれですべて説明できるという説明の仕方は何通りかあるのです。それはその体系がそれで丸まってしまうものです。そのかわり、それを本当に信じ込んだ瞬間にその世界から出られなくなってしまいます。

だから、私は「意識は脳の一部である」と考えるのです。どこかが開いていない理論は危ないのです。自然選択説が根本的にそれを持っています。すべてを取り込んでいこうとします。そして、理論というのはそれに合わない出来事というものをないことにするものです。ですから、自然選択説に対する反論というのはいくらでもできるのです。けれどもそれは、その理論の体系の中では決して取り上げられません。

今、ご説明があったような話は、私は忘れたほうがいいのではないかという気がいたします。

現代と共同体――田舎と都会

東京港区・東京グランドホテル

1999・4

私は解剖を長い間やっておりましたので、皆さん方、宗教の方々とは何らかの形で具体的にぶつかる面がございまして、その典型が、いまここで話題になっている死者の扱いです。

東大医学部で解剖の主任教授をしているときに、解剖体慰霊祭の問題が起きました。東大では慰霊祭を谷中《やなか》の天王寺でずっとやっています。お墓もそこにございまして、お骨をそこに納める、つまり遺族の方が引き取られないものがございますので、天王寺に大きな墓所がありまして、全部そこに納める。それから我々は胎児をたくさん使いますので、これを千人塚といいますか、そこにやはり納めます。明治以来それをやっております。

慰霊祭は医学部長が主宰してやるんですが、天王寺という寺で行うことに対して、ある時期から、国立大学ですので、「問題だ」という投書が来るようになりました。

後に東京大学総長になられた森亘《もりわたる》先生がたまたま学部長だったときに、私が解剖の主任になりまして、森先生は以前東京医科歯科大学におられたのですが、医科歯科では慰霊祭を築地《つきじ》の本願寺で半分やっている、とおっしゃる。半分やるというのは、場所は本願寺ですが、まず無宗教という形でやりまして、ここから先は仏式ですからといって、お坊さんを呼ぶ。つまり慰霊祭を半分に切ってやっていると言われました。

ちなみに新設大学はどういうふうにやっているかというと、学内に納骨堂を持って献花式、花を捧《ささ》げるという形で、教授ないし偉い先生が主宰してやっておられるところがかなりあります。

東大も考えてくださいと私は森さんに言われまして、考えただけではなくて、当時さまざまな専門家の方にいろいろ話を伺いました。そのとき、私の素人《しろうと》の頭の中にすぐ浮かんできたのは靖国《やすくに》問題です。たまたま靖国がいろいろ問題になっていましたので、『ジュリスト』にその特集があり、政府の委員になられた方の意見がかいつまんで、極めて的確に要約してありました。それも全部拝見しました。私の出した結論は、今までどおりということで、ともかく私の現職である間は天王寺における解剖体慰霊祭をやめないということにしたわけです。

『ジュリスト』の中に出た意見は大きく分けて三つでした。一つが政府のいうような形、もう一つが典型的にそれに反対する意見、真ん中に中立というのがございます。中立とは何か、要するに靖国のようなところで英霊を祀《まつ》るのはいけないんで、中立の墓地に置けばいい。これは、実は新設医大が献花式を行っているのと同じです。私は最近、北里大学に移りまして、大学の方針を別に批判する必要は何もないのですが、献花式にこの問出ました。非常に奇妙なものです。慰霊祭というのは一種の葬儀です。そこにいっさい宗教色がないという形で儀礼をやっていますと、やはり何かおかしい。私は「これは宗教儀礼じゃないの」と言ってしまうわけです。

東大のときも、新設医大がそうやっていることは知っておりましたので、宗教関係の法学部の先生のところへ伺いにまいりました。そうしたら、解剖ですから、実は献体された方がほとんどですので、そういう団体の代表の方に主宰してもらったらどうですか、と。私は、それは話が違うと思いました。と言いますのは、実は献体された方は、いってみれば慰霊祭における被害者でして、私たちは加害者なんですね。加害者だからお祀りしているんであって、被害者が代表してそれをお祀りするのは奇妙な話だという気持ちが当事者としてはいたしました。ですから、それは筋が違う、というわけで、いまだに東大は谷中の天王寺でやっているはずです。

『ジュリスト』では、何人かの方、その法学部の先生、あるいは曽野綾子《そのあやこ》さんがやっぱり中立な意見だったんですが、靖国でやるからいけないんで、千鳥ヶ淵《ちどりがふち》のような中立のところでやれ、と。やはり新設大学の献花式と同じです。

ただ、私は、これは考えがちょっと浅いんじゃないかと思いました。つまり問題になっているのは、国家の一部、行政機関が宗教行事を主宰するということです。実は解剖体慰霊祭というのは、日本で最初に官許の解剖を行ったと言われている山脇東洋《やまわきとうよう》が最初にやったことで、一七五四年のことです、宝暦四年。日本ではその後、解剖があるたびに必ず慰霊祭をやっています。ずっと続けていることですから、これは戦後に成立した憲法と何ら関係がないと私は思っていまして、憲法違反だと言う方には、私に相談なく憲法が変わったんだと言っています。

それじゃ、千鳥ヶ淵なり中立のところで献花式を一〇〇年続けてやっていったらどうなるか。私は、それこそ国が宗教行事を主宰するということではないのか、と思いました。お寺さんにお願いしてやっているから、やめようと思えばいつでもやめられるんです。私はそういうふうな考え方をとっています。ですから、こういう慰霊祭のようなことは、本来というとおかしいんですが、私たちの感覚ではお寺が仕切ることであると思っております。それが実は継承というか、そういったこととどのくらい関係があるかはわかりません。

さて、本来のテーマは、共同体の問題です。共同体という言葉は、皆さんは普段、あまり使われないと思います、日本ではこれを「世間」と言う。「共同体」というのは学者の言葉で、間違いなく翻訳語です。社会という言葉も同じです。日本語に、共同体や社会に相当する言葉がなかったのはどうしてかというと、私は日本人は「世間」の中にしかいたことがないからだろうと思います。外国、大陸の国ですと、よそから別な「世間」が侵入してきまして、それがぶつかり合う。チャイナタウンという横浜の中華街がありますが、そういうものがたくさんありますと、共同体同士がぶつかりますから、お互いに「自分たちはこうだ」という客観的な見方ができてきます。そうすると、共同体という言葉が成立してくるんだと思います。しかし我々にとっては世間で十分であり、共同体という言葉は要らなかったんだろうと思います。

日本には小さな「世間」がたくさんあります。お寺も世間でしょうし、近所も世間でしょうし、私は大学におりましたが、大学も典型的な世間です。私から言うと、学界はもっとはっきりした世間です。私が外国人であれば、これは共同体だと言うと思います。

共同体との関係で、私が死の問題について非常に気になったのはメンバーシップという問題です。共同体、すなわち「世間」に入れてもらえるのはどういう人で、出ていくのは誰か。メンバーとしての資格は何かということです。

日本全体という非常に大きな共同体をとりますと、まず第一に、そこに入れてもらうのは非常に難しい。両親が日本人で、日本に生まれて、日本で教育を受ければ、まず問題なく通ります。ただし、それも赤ちゃんとして生まれてからの話です。新生児の段階で世間に入る。では、胎児はどうかというと、日本では人間ではございません。母親の一部です。外から見えませんので、これを中絶することは日本では何の問題でもありません。

アメリカではこれが大問題になっていることはご存知のとおりで、クリントンが全米において人工妊娠中絶を自由化して、その結果、一部の保守的な団体から医者に対する、あるいは診療所に対するテロ行為が激化してきました。妊娠中絶は殺人だと称して医者を殺したりしていますので、訳のわからないことをする人たちだなと私は思っているんですけれども、これは日本人の常識だろうと思います。

つまり、彼らの人間規定は胎児から始まっています。ですから、産婦人科学会がヒト受精卵の取り扱いに関する倫理委員会を作ったときに、私は本当のことを言って、腹の底で笑ったわけです。胎児ですら人間でない国が、なぜヒトの卵の取り扱いに倫理という言葉をかぶせるのか。そういうことをやっているから、日本人は偽善的なんだよと笑ったんですけれども、皆さんの感覚も恐らくそうじゃないかと思います。これはヒトの卵だよと言って食わされたって、別に何もお感じにならないんじゃないでしょうか。つまり実感がないと思います。そういうことです。

私は解剖で人体の展示をやっていましたが、一つだけ絶対に展示できないものがあるのです。それは先天異常児、奇形児です。これはどんな場合でも、展示にかかわってくる職員自体が嫌がるんです。こんなものは出さないほうがいいと。皆さんも何となくおわかりでしょうが、はっきり申し上げて、日本の世間に入れてもらえるためには五体満足である必要があります。サリドマイドベビーと言われる重症サリドマイド児の、これははっきり厚生省の統計に出ていますから、問題ない、言ってしまいますと、日本では七五%死亡していますが、欧米で同じ診断の子どもさんは二五%しか死んでおりません。つまり、日本では、残りの五〇%は間違いなく何らかの形で、生まれた状態で自然に死ぬに任せるというか、間引くというか、そういう形になっています。

日本は非常に外形を気にする国です。儀礼というのも、型とか形とかに強くこだわりますが、それはそのまま人間の形にも応用されます。したがって、平成の世の中になるまで、「らい予防法」があった。「らい予防法」は、ご存知のように顔の形、手の形が変わる、こういう人は外に出るなという法律です。こういう特定の病気の患者さんを収容所に閉じ込めるという形の法律をついこの間まで持っていた国は、恐らく世界で日本だけだろうと思います。

「世間」という共同体が変質してきたということが今日のテーマだったと思いますが、私は逆に、それをどこが変わっていないかという点から考えてみたかったんです。変わっていないのは、たとえば世間に入ってくるための資格です。ですから、遺伝子の出生前診断は日本で急速に進行する可能性があります。テレビでも取り上げています。これは非常に難しい問題ですが、これはちょうど間引きの思想にいわば共鳴するからです。

私たちが持っています共同体のさまざまなルールを、私は非成文憲法、文章に書かれていない憲法と呼んでいます。言葉にされていないわけです。言葉にしていない分だけそれは非常に強い禁忌、つまりタブー化します。奇形児問題がそうで、私は何も伏せてあることのふたを開けるのが正しいと言っているんじゃないんです。今の状況がいけないと言っているわけではありません。

奇形児問題とは、そういうことを言葉にして言ってしまうと、つまり言語化してしまうと、人の感じ方、考え方が変わってしまう可能性が確かにある。だから、さわらないようにしておこうよと言って、今までそのままにしてきた問題だと私は理解しています。

「入ること」のうるささに戻りますと、大学の入学試験が典型的にそうなわけです。入試が日本ぐらいうるさい国はない。どうしてかというと、いったん入試で大学に入りますと、私は今年六一歳ですが、大学を卒業したときの経歴をいつも書かせられるのです。こういう講演会ですら、略歴というと昭和三七年東大医学部卒、もういい加減に忘れていいんじゃないかと思いますが、何事も水に流すという国にしてはいつまでたっても学歴を書かせられる。

これが学歴の正体でありまして、大学に入るのは非常に難しいが、出るのは易しいのはなぜかというと、いったん入ったら出られないからです。私、未《いま》だに略歴を東大医学部卒と書くことは、東大をいわば出ていないということです。

ですから、私がとんでもない不祥事を起こせば、たぶん同窓会は私の名前を名簿から抹消するんじゃないかと思います。つまりそれが共同体の原理だと思います。日本の大学は入るのが難しくて、出るのが易しい。なぜかというと、出ないからである。つまり共同体というのはいったん加入すると、今度は出るのが非常にややこしいところなんです。

では、日本の「世間」から出たいと思ったらどうするか。亡命する日本人というのは私は聞いたことがない。蒸発するか、消える。それでも関係者に見つかるとうるさいことになりますので、できるだけ人の知らないところに行く。ですから、私がラオスとかベトナムとか、昆虫採集に変なところへ行くと、とんでもないところで日本人が住んでいるのに会うことがある。私はパリでホームレスの日本人に会ったことがあります。東京でやっていたほうがいいと思うんですが、なぜパリまで行くか、たぶんパリまで行ったほうが知り合いに会う率が少ないからでしょう。

もう一つ確実に日本の「世間」から出られる方法がありまして、これが自殺です。

侍の場合にはこれを切腹といって、儀礼化・儀式化した。よく「死んだらチャラ」と言いますが、これはまったくその通りなんで、切腹すればチャラにしてやるということだと思います。

実は日本は自殺大国で、ここのところの不景気で一昨年は二万四〇〇〇人の方が自殺している。交通事故は相変わらず一万名程ですが、私はこの中に未必の故意がかなり入っていると見ています。この世の中、日本が嫌になったときにどうするか、死ぬのが最も簡単です。そうするとチャラにしてもらえる。どのくらいチャラにしてもらえるかというと、それは葬式へ行って死んだ人の悪口を言ってみればすぐわかるんで、「とんでもない、もう言うな」と言われる。

逆に言いますと、私は日本の共同体は義理がたくて、非常に温かい面を持っていると同時に、裏がありまして、死んだらもう利害関係がないんだから、つまり我々の利益をじゃまするわけじゃないんだから、今さら悪口を言うなと。極めてドライな考え方とも見えます。死んでしまった以上は、あいつは外れたんだからと。私は、死は「ムラ八分」の原理に近いんじゃないかと思います。だから、死んだということは、実は共同体から抜けたことを意味します。死んだらホトケになるというのは、即座にホトケになるんで、これは共同体のメンバーでなくなったということなんですね。

最近、脳死後臓器移植が非常に話題になりました。何であんな戦争が起こったような活字で書くんだと私は文句を言ったんですが、それはそう考えると簡単でして、死ぬということは日本ではホトケになる、すなわち共同体から離脱することを意味します。ところが、共同体から離脱する状況を医者が勝手に決めるとは何事かというのが、梅原猛《たけし》さんなり立花隆《たかし》さんなりの頭にあった感情ではないかと私は思います。そういうふうなことを仕切るのは、つまり、そういうふうな共同体に入るところと出るところの規則を決めるのは、日本共同体、すなわち「世間」の人のすべてが基本的に納得するルールじゃなければいけない、と。

私が現在行っていますのは私立大学ですが、駒澤《こまざわ》大学もそうだと思いますけれども、そういうところで建物を一つ寄附してくれた人の息子を入試なしで入れてやるとか、形式だけの入試で入れちゃうということをやると、たぶん日本では不正入試だという騒ぎになるんじゃないかと思います、新聞はしばしば私立大学でも不正入試とでっかく書きますから。それは、共同体に入るところのルールが公平で客観、誰でも認めるものでなければいけないということではないかと思います。

死ぬところもまったく同じで、全員がこういうのが死んだんだよ、と何となく了解していること、それを医者という職業の人が勝手に変えていいのか、というのが脳死の問題だったんじゃないかと思います。それで札幌医大で和田さんがやった瞬間から、病理の先生があれを殺人罪として告発したわけです。

私は職業上大変おもしろいと思っていますのは、これは大阪大学だったと思いますが、臓器移植法案が出る前に、法医の先生が自分のご意見として、脳死の方を死んだとみなして死亡診断書をお書きになった。そうしたら、それを止めたのはどこか。警察なんです。

人が死にますと、死亡診断書を書く権限があるのはお巡りさんじゃございません、医者です。アメリカの推理小説を読まれるとよくわかると思いますが、五体バラバラになって、バラバラ事件で人が見つかる。発見者の次に警察がまず来ますが、警察は何をするか、現場を徹底的に保存するということをやります。次に何が来るか、検視官がやってまいります。これは死んでいると、そこで死んだということが確認される。これが、誰が見たって死んでいるんですけれども、死を判定するのは検視官の権限です。これが、言語によって規定される社会です。

ところが、日本は、ご存知のようにそういった問題を言語で明確に規定せずに、さまざまな形で規定してきた。それはそれで非常にいい面があった。なぜならば、世界の大都会で若い女の子が夜平気で出て歩けるのは東京だけだとよく言います。こういうふうな社会を作ってきたのは、確かに共同体の暗黙のルールであると思います。おもしろいことに、共同体が持っておりましたルールの中で近代の都市社会に共鳴しているものは非常に強くなって、逆に残っています。脳死問題は典型的にそうであろうと思います。あれがなぜ重大問題かということを誰も解説しませんから、脳死の解釈とかさまざまな細かい説明が多くなるんですが、あれは要するに共同体のメンバーシップをある人が外れるんで、その外れるときの条件の問題だと言ってもらえば、多くの人がすっきりするんじゃないでしょうか。

つまり誰かを「ムラ八分」、死んだとみなすんだけれども、あんな状態で死んだとみなしていいのかというそれだけのことです。それを全員の合意を取るか取らないかで、もめる。しかし、本当のことを言うと、取る必要も何もないと私は思っています。なぜかというと、脳死になる人は少ないのです、一万人に一人ぐらい。それだって、これから脳の低温療法とか、日大の先生がそういうことを発見されて現にやっていますが、そういうことがどんどん進むと、脳死の人なんてほとんどいなくなっちゃうかもしれません。そうするとドナーがありませんから、移植もできないということになります。

ただ、脳死問題には、別な面からの大きな心配があります。というのは、もうすでに日本で心臓移植を受けた方は四〇例以上になります。腎《じん》移植については、東南アジアまで行って、一千万円以上、数千万円のお金を払って移植を受けている方が後を絶ちません。実数を把握できないのです。これはある意味では世界の迷惑なんです。お金があるから日本人はやれる。しかも、日本には一人もドナーがいない。しかし、最初のドナーが一人出たら、新聞は戦争が起こったみたいな活字で書く。そういう社会はやっぱり共同体が延々と続いている社会なのです。

これは、やはり世界に迷惑をかける。なぜかというと、腎移植の問題は典型的にそうですが、ドナーがどういう人かわからないわけです。向こうもちゃんとあるシステムを持っていて腎臓を供給するわけですから、ひょっとすると生きている人のものを持ってきているかもわからない。ですから、五〇年もたつとフィリピンとかインドあたりからお婆《ばあ》さんがやってきて、「ほら、私のここに傷跡があるでしょう、この腎臓を日本人に上げました」と、従軍慰安婦問題になりますよと私は言っているわけです。

そういうことまで考えると、要するに日本という共同体が世界とちゃんとつき合わなければいけない時代になっている。経済でもまったく同じような問題が起こっているわけです。それと共同体の原理がフリクション（摩擦）を起こしているところに私は身を置いておりましたので、そっちのほうも気になっているわけです。それは共同体を否定しているのではなくて、要するにそれをいかに言語化するかを考えなければいけない。ところが、どうも共同体のルールを儀礼から言語へ動かすということは、恐らく都市はずっとやってきたんですが、これが上手にいったかというと、そこにまた難しい問題があるように私は思っています。

一番いいのは何か。先に結論を言っておきますと、田舎と都会が同居できることだと私は思っています。日本の最大の問題は、田舎が消えて都会ばかりになっていることです。田舎に行きますと、田舎の爺《じい》さん、婆《ばあ》さんがコンビニで弁当を買って食っている状況になっている、これはやっぱりおかしいです。ですから、田舎と都会をいかにして共存させていくかということが、これからの日本の問題だと思っていまして、もし東大医学部が臓器移植をやるようになっても、谷中の天王寺の慰霊祭が共存しているのがよい社会だというふうに私は思います。

日常生活の中の死の意味

兵庫・神戸商工会議所

1998.1

解剖は生きている人を診ません。二〇歳で東大医学部に入って以来三七年間、私は生きている患者さんを診たことがありません。私の診た患者さんは、皆死んでしまっています。

私がそもそも解剖を選んだのは、解剖が一番怠けられると思ったからです。たとえば小児科などになると、患者さんは猛烈な勢いで変化しますので、その変化に合わせて必死にならなければいけないんです。私は、その場ですぐ判断を出すのが遅かったし、苦手でしたので、解剖学ならできるかなと思っていたんです。変化する相手に合わせて自分の意識と体を動かすなど怠け者の私にはできないことでした。

ところが、解剖を始めてかなりになりますが、つくづく思うのは、私が選んだ仕事は、怠け者には勤まらないということです。つまり、ここには死体がある。それをだんだんばらばらにしていく。手が取れたり、足が取れたり……。その変化は私が起こしている。解剖は、私が手を加えない限り、相手にいっさい変化が起こらない世界です。

すると、足を取って何をしたいのか、その理屈をものすごく考えなくてはならなくなります。私が取った足ですから、なぜ取ったかは私が考えなければならない。

臨床の医者の立場はまったく逆で、患者さんが病気になってから診察が始まり、病気の変化を観《み》ていくわけで、相手の変化に合わせて、自分も対応していけばいいのです。何を診るべきなのかははっきりわかっています。患者さんはもちろん具合が悪くなって病院に来ます。病気になるには何かの原因がある。相手に問題を預けて、自分はその解決に専念すれば良いのですから、その点では自分で問題を発見する必要はありません。

ところが、解剖の場合、死体を目の前にして、自分が「これ」について何を語るのか、どのように解剖しなければならないのか、すべて自分が考えなければならないことです。大学時代に、怠けようと思って解剖を始めたのに、とんだ世界に足を踏み入れてしまったと思ったものです。

なぜこの道を選んだのかについてもう一つ、個人的な理由があるのですが、それを「死の意味」という点からお話しします。

私の父親は私が四歳のときに死にました。父は北陸の出身で、兄弟は一〇人おりました。父の母が死んだとき、お葬式に出た子どもは四人だったそうです。つまり、六人の子どもが若くして死んでいたんです。死んだ原因は結核でした。冬が長く、雪で閉じ込められていますから、家の中で一人が結核になると、たちまち感染してしまうんです。それで一〇人のうち六人が親より先に死んでしまった。当時はそんなことが普通の時代でした。

余談になりますが、今の母親には、子どもを亡《な》くすという経験がほとんどないと思います。逆に、子どもを亡くしたお母さんがいたら、どのような顔をしてそのお葬式に出たらいいか、困ってしまうのではないでしょうか。私の祖母は、自分よりも先に六人亡くしているわけですから、ビクともしないと思いますが、自分の子どもを亡くしたことのないお母さんが、子どもを亡くした方のところに行ったら、どんな言葉をかけたらいいか窮してしまうでしょう。

日常に死が失われたということは、ある意味ではとても良い社会だと思います。しかし裏返すと、これは、その社会を作っている人間の理解力が減ってくるということも意味します。つまり子どもの死がいかなるものか、ということを理解する人が減ってしまった社会が現代社会、ということになります。すると皮肉なことに、世の中が進歩すればするほど人間は愚かになっていく、ということになり、我々は、それを何となく今、感じているのではないでしょうか。

話を戻しますが、四つのときに父が死にました。元気な母とは対照的に、父は結核になりました。

私は父が死んだ状況をよく覚えているのですが、まさに映画のワンシーンのようで、一コマ一コマに分かれているんです。その風景が脳裏に焼きついていて、一〇代、二〇代になっても、突然浮かんできたりしていました。

一つの風景は、結核の療養で二階に寝ていた父が、ベッドの上で半分起き上がって、自分が飼っていた文鳥を放している、というものでした。ベッドは窓際《まどぎわ》にあり、母がそばに立っていました。私は、母と父が一緒にいる風景は、それしか覚えていないのです。

父がなぜ文鳥を放すのか、四歳の私には不思議でなりませんでした。じっと父を見ていましたら、「放してやるんだ」と父が答えるんです。これが、一番古い風景です。

後年、かなり時間を経ても、この風景はよく覚えていましたので、一度母に訊《き》いたことがあったんです。母は、「あれは、お父さんが死ぬ朝だった。天気の良い日だったので窓際にベッドを寄せたら、お父さんは鳥を放したんだ。亡くなったのはその晩のことだった」と言っていました。

私には、それが父の亡くなる朝だったという記憶はまったくありませんでしたし、頭の中にあったのは、父が文鳥を放している光景だけでした。しかし実は、それが、父の死に伴って印象的に覚えていることだったんです。『万葉集』の中では、鳥は「死者の魂」だといわれています。こうした風景を印象的に持っているんだから、私は日本人だなあ、と思いました。そんな話をしていた母も、「お父さんは自分の死期を悟ったのかもしれないね」と言っていました。これがまず、一つの風景です。

もう一つの風景は、父のベッドの脇《わき》にあったがらがらです。病人ですから、ベッドの周りにはいろいろなものが置いてあるんですが、その中に子どものががらがらがあったんです。当時家に幼い子どもは私しかおりませんでしたから、当然そのがらがらは私のもののはずですが、その覚えがありません。なぜそれが父のそばにあるのかが不思議で、じっと見つめていたんです。

父は私の視線に気がついて、私が何も訊かないのに、答えてくれました。「これを鳴らすと、看護婦さんが来てくれるんだよ」と。がらがらは、喉頭《こうとう》結核で、大きな声の出ない父の呼び鈴代わりだったのです。

この風景から私に呼び覚まさせるものは何かというと、確かに自分のものでなければならない玩具《おもちゃ》を前に、そのことについて質問できないでいる気持ちなんです。これは何かというと、今思えば「遠慮」でした。本来私のものであるはずなのに、私のものでない玩具について、率直に尋ねていいものか。私の中に遠慮という気持ちが初めて生まれた瞬間でした。たぶん父が亡くなる直前だったので、この記憶が強められたのだと思います。

さて、これが本題と言えるのですが、父は自宅で療養していましたから、当然自宅で亡くなりました。夜中のことで、私はそばで寝ておりましたが、父の臨終で、突然起こされました。何しろ夜中のことですから、異様な雰囲気で大人がベッドのまわりに集まっていました。子どもですし、背が低いものですから、大人の間を縫って前へ出ました。

起こされたばかりで、まだ状況がよくつかめていません。父の顔のすぐ横に出て、じっと父を見つめていました。すると誰かの、頭の上から響く声が聞こえました。

「お父さんにさよならを言いなさい」
まだ寝起きで、しかもその場の異様さにびっくりしてしまって、私は声すら出ません。そんな口の利《き》けない私を見て、父はニコッと笑いました。そしてその瞬間、パッと喀血《かっけつ》して、それで終わりました。それが父の臨終でした。

次の一コマは焼き場の風景です。火葬場には和室が二つあり、間に襖《ふすま》がありました。襖はわずかに開いていて、私はその襖に寄りかかりながら別の部屋を覗《のぞ》いています。その中央には、三方《さんぽう》とその上の白い紙に載せられたお菓子があり、そして向かい合って座っている母と、泣いている年の離れた姉がいました。

昭和一七年、戦争中のことで、当時は甘いものがなかった頃ですから、私はそのお菓子を食べたいな、と密《ひそ》かに思っていました。しかし、一方では姉が泣いているのが見えました。父が死んだ後の焼き場にいるんですが、自分の心を覗いてみても、ちっとも悲しくないんです。泣いている姉を前にしても、むしろお菓子を食べたくなってしまう自分に、なぜ悲しくならないんだろうと、いささか後ろめたい気持ちになっていました。その風景が、しっかり固定されています。

こうした光景がいくつか残っていて、私が成長していくとともに、何の脈絡もなしに、繰り返し出てくるんです。

少し成長して、中学から高校の頃ですが、私は人に挨拶《あいさつ》をするのが大変苦手でした。親には挨拶をきちんとしなさいと再三言われておりましたが、まったく下手《へた》で、場合によっては省略してしまっていました。鎌倉《かまくら》の町で開業医をしていた母は、それは顔が広く、私にも街行く人が挨拶をしてきますが、時々私は無視して通りすぎてしまいます。それで母によく怒られました。人と口をきくのも苦手で、母は、「何でこの子は挨拶が駄目なんだろう」とよく言っておりました。

自分でも不思議でしたが、私がその訳に気づいたのは、四〇代に近い頃です。挨拶が苦手だったことは、父親の臨終の際に「さよなら」と言えなかったことと関係があるのではないかと悟ったんです。そのときに気づいた私なりの理屈は、父という自分にとって親しく大切な人にもできなかった挨拶を、他人にするわけにはいかない、ということでした。これでは十分な答えにはなりませんでしたし、それが正しいと証明できたわけでもありませんが、自分がなぜ挨拶ができなかったのか、謎《なぞ》が半分解けた気がしたんです。

その後十年ほど経《た》ち、ある日、これが正解だと思う答えに至りました。私はある仮定を想定してみました。つまり、私が仮にさよならと父に言えたらどうなっていただろうかということです。さよならを言うことは、父との本当の別れを意味しています。私はある意図があって、父にさよならを言わなかったのではないか。四つの子どもにとって、父親が死ぬということは、理不尽なことです。納得のいかないことです。ただ一つだけ、私にできたことはさよならを言わないことだったんです。これは未完の行為と言えます。父に対して、私は未完の行為を一つだけしました。それは「さよなら」を言わないことです。

言わなかったことは何を意味するかというと、父が私の中で生きているということなんです。五〇近くになって、初めてこのことに気づきました。別れをしないことで、父との間に果たされない仕事を一つ残す。ということは、それがある限り、父は死なないということです。逆に、私が挨拶をした瞬間に、父は死んでしまい、私はその死を認めたことになりますから、挨拶にやたらとこだわっていたんです。

父の死に涙した姉とは対照的に、泣けない自分を長く意識してきました。自分で一番驚いたのは、父の死と、私が挨拶ができなかったことが関連していたことに気づいた瞬間、「私の中の父は死んだ」と思ったことです。そして、涙がさっと出ていました。

人が死んだことを認めるのは、皆さんは簡単だと思っておられるかもしれませんが、そうではありません。人が死ぬには何十年もかかります。死んでしまった人が、何十年も経ってから実際に死ぬことはあるんです。事実、父の死は、私の心に大きな傷を残して長いこと留まっていました。それが健康的なことかどうかはわかりませんが、しかし、そのことが私に教えたことは大きいと思っています。

私が「死人」を扱う仕事についたのは、今まで申し上げたような実体験があるからで、自分では何の不思議もありません。つまり、自分にとっては、死はごく当たり前のことであり、死者は自然な存在なのです。

私の記憶は人が死ぬところから始まっていますから、ちょうど普通の人とは逆さまになっているかもしれません。けれども死は他人事《ひとごと》ではありませんし、他人にはあって、自分にはないものでもありません。

この主題に入る前にもう少し、日常における死というものを具体的に考えてみたいと思います。

戦後、昭和三〇年代ぐらいまで、東京でも自宅で亡くなる人の割合が六割を超えていました。今では八割以上の人は病院で亡くなります。ということは、家庭は死と出会う場所ではなくなったということです。私たちは、病院に死を隔離したのです。これが良いか悪いかは別として、それだけ死が抽象的なものになってしまったということが言えるわけです。

「生老病死《しょうろうびょうし》」というのがありますが、これを四苦、四つの苦しみと言います。四苦とは人間が辿《たど》らざるを得ない運命ですが、私はこれを自然——当たり前のこと——と呼んでいます。自然とは、「意識的に作らなかった」ということを意味します。私たちは意識して生まれてきたわけではありません。自然に生まれました。そして、嫌だと思っても日を追うごとに老《ふ》け、最後には病気で死にます。これらは自分たちの意識と何ら関係がないところで起こります。

しかし現代社会というのは、生まれる所は病院で、病気になったら病院に行き、死ぬのも病院と決まっています。「生老病死という、本来人が持っている自然な部分は見ないことにするという社会」ということになってしまっているわけです。

私が東大を去るときのことですが、こんな話がありました。東大は、定年が六〇歳と決まっているのですが、私はその前に辞めることを決意していて、教授会で後任の選考をお願いする挨拶をいたしました。それも了承され、教授会が終わった後、病院の教授の先生が、私に質問をされたんです。「今後、どうされるおつもりですか」と。私は、三七年間、東大でしか勤めたことがないんです。辞めてみなければ、辞めた後の気持ちなどわかりませんし、辞める前では想像さえもつきません。だから、率直にそう申し上げました。すると、その先生はすかさず、「そんなことで、よく不安になりませんな」とおっしゃったんです。私は、思わず「先生も、いつか何かの病気で亡くなられると思いますが、いつ何の病気でお亡くなりになるか、教えてください」と言い返してしまいました。すると、「そんなことわかるはずないでしょっ」とおっしゃるものだから、私も「それでよく不安になりませんな」と申し上げました。

つまり、この問答ではっきり現れるのは、この先生は現代人である、ということなんです。自分が死ぬことよりは、定年になって、その次にどうするか、ということのほうをはるかに現実的な問題として受け止めておられる。もっとはっきり言えば、現代人とは、自分は死なない、と思っている人のことなんです。それが、日常から「死」がなくなったことの意味です。

人々は、なぜ死を病院に入れてしまったのか。それは、死をできるだけ「現実」でないようにしたいからです。生老病死のような自然は、人間の意識がコントロールすることはできません。現代人は、意識できるもの、つまり自分の頭で考えられることだけを現実として受け止めてきました。だから、意識にないもの、生老病死などの自然を、現代人、都市の人は嫌います。人工島などが典型ですが、地面からして人が作ったものが一番安心できるんです。裸の地面が出ていると気に入らない。だから、道路もコンクリートで舗装して、人工的なものに作り替えてしまう。

人間の体についても同じことで、今どき裸で歩いている人なんていません。私が裸で歩いていたら、お巡りさんに捕まります。考えればおかしなことで、裸の私というのは、どんな格好をしていたとしても、基本的には私が意図的に設計した姿ではない、いわゆるありのままの自分です。私の意識の及ばない、私の責任下にない姿が表に出てきて、捕まるなんて変な話です。

しかし、「都会」という意識による世界を作ると、裸の体はそこから排除されていく。文明化すればするほど、つまり都市化すればするほど、意識では作りえない自然なもの、つまり裸は駄目になります。私が子どもの頃は、裸やふんどし姿で働いている人をごく普通に見ていましたし、お母さんが電車の中で子どもにお乳を飲ませているのも、ごく当たり前の景色でした。今はそんな光景はありません。現代は、人の意識が作らなかったものは置かない世界なのです。

現代社会にいますと、私たちにとって生老病死は現実でなくなります。仕事を辞めることははっきりとした現実であり、実態であるのに、自分が死ぬことは現実ではありません。夢の世界です。

だから、今の若い人が『平家物語』や『方丈記《ほうじょうき》』を読んでも、あの世界観をまったく理解できないのではないでしょうか。「祇園精舎《ぎおんしょうじゃ》の鐘《かね》の声《こえ》 諸行無常《しょぎょうむじょう》の響《ひび》きあり」とあっても、何だそれは、ということになってしまいます。今の若者にとっては諸行無常は抽象的な言葉にしかすぎません。

私は、この世は諸行無常だと感じます。すべてのものは変わります。変わるに決まっています。「一億玉砕」「神風《かみかぜ》特攻隊」がいつの間にか「平和」「民主主義」「マッカーサー万歳」に変わりました。すべては諸行無常です。

『平家物語』では後白河法皇以外は皆亡《な》くなりますが、私はこれを死者を悼《いた》む挽歌《ばんか》と思っています。中世の人にとっては人が死ぬことは、あまりにも当然の現実でありました。当時の絵画を見ても、人の死体が克明に描き込まれていて、それが現実の写生であることも歴然とわかります。

『方丈記』を著《あらわ》した鴨長明《かものちょうめい》も「ゆく河の流れは絶えずして、しかも、もとの水にあらず」と冒頭で語っています。これは大変な歴史哲学だし、生物学的に見てもその通りだと思います。生物のからだの物質は絶えず入れ替わっているわけですし、昨日の自分と今日の自分はまったく違うもの、ということもありえるのです。ちょうど河の流れる水がその瞬間ごとに違っているのとまったく同じなんです。

『方丈記』の時代は、大変な時代でした。戦乱、飢饉《ききん》、震災、大火、あらゆる災害が都を襲いました。養和《ようわ》(一一八一―一一八二)の飢饉では、死体が町にあふれんばかりとなりました。その数は、左の京だけで四万二三〇〇であったと、長明は淡々と記しています。今の人は、これらの書物を肌で読むことができないだろうと思います。だいたい、東京都内に一二〇〇万人もの人間が住んでいて、小指一本落ちていないんですから。

戦後の混乱期には、多少、鴨長明と同じような状況を見た人もいたでしょうが、どのくらいの人がそのときの光景を、『方丈記』に重ねたかを考えてしまいます。古典には、短くも簡潔にまとめられた文章の中に、多くの生老病死を含めた社会が見事に描かれているのです。

しかるに、現代は、社会からも、家からも死ということを締め出してしまいました。たとえば建物が良い例です。ある建設会社から「あなたの考える普通の建物」というアンケートに四〇〇字で答えるように依頼されました。私はそのとき、「その中で生老病死が起こる建物」と答えました。人が生まれて、年をとって、病いになり、死ぬことができる建物を、私は普通の建物と呼びたい。昔の家はそうだったんです。家は人が生まれ、死ぬ所でした。現代はそうではありません。

私がまだ四〇代で現役だった頃、高島平の団地で亡くなった方をお引き取りに伺《うかが》ったことがありました。着きますと、当然、棺《ひつぎ》に入っておられましたが、エレベーターの前まで運んでいって、はたと気がついたんです。サイズが合わなくて、棺が入らないんです。仕方がないので、その「寝ている人」を、縦に起こして一二階下まで降ろしました。これでわかったのですが、この団地は人が死ぬことを考えずに作られたな、と思ったんです。後で聞いたところによると、その団地は、若い夫婦がしばらく住んでから郊外へ引っ越していくことを予測して建てられたそうです。

元禄《げんろく》の代の学者であった荻生徂徠《おぎゅうそらい》は、江戸の人を評して「旅宿人」と呼びました。江戸の人間というのは居所や職業を簡単に変えて、はっきり言えば無責任だ、と言っています。現代の都会人――典型的なのがアメリカ人ですが――も住処《すみか》を変え、職を変える。徂徠が言う旅宿人となんら変わりがありません。

皆さんの意識の中にあるかどうかはわかりませんが、現代日本は全体が都市になりました。どこに行ってもテレビのつかないところはないし、欲しいものはいつでも手に入る便利な場所になりました。日本人全体が、どんどん旅宿人になりつつあります。

しかし、そうすると何が起きるか。旅宿人は意識の上では、執着する土地も職もありませんから、無責任、裏を返せば、自分自身を何か頼りない、寄る辺《よるべ》ない身の上と感じています。

歴史を通じて、その都会人たちの精神の拠《よ》り所《どころ》となったのは、宗教でした。紀元前数千年前から都市の民だった人たちは誰でしょう。ユダヤ人です。ユダヤ人とは人種的な定義ではなく、ユダヤ教を信じる人たちですが、彼らの職業を考えてみてください。シャイロックの時代からユダヤ人の主な職業は金貸しでした。金融業は都市でなければ成り立ちません。ブータンのように典型的な農業国ではお金は役に立ちません。自給自足を基本とする物々交換で十分生活が間に合うのです。「お金の世界」に住むことができるのは、やはり都市の人間だけです。

しかし土地に執着し、共同体の論理で動く農村文化とは違い、都市文化は商工業がそうであるように、流動的で心もとなく、人々にとっては何か頼れるものが必要です。都市の住民で、アイデンティティを無くさずに何千年も生きるには明確なイデオロギーが必要であり、それがユダヤ教だったのでしょう。

今や都市となった日本の人々は、いったい、何に頼っているのでしょうか。それは、どうやら宗教ではなく、組織のようです。会社に頼り、官という組織に頼ります。自分が組織に属して初めて安定感を感じるのです。

しかし、組織なんていうものは、実はまったく当てにはならなくて、うっかり総務部長とかになりますと、総会屋との対策に回され、挙げ句の果てに警察の手が延びて組織から追い出されても、周りは知らぬふりです。

にもかかわらず、個々人の考えよりも、組織の中でどのように行動するかということのほうが重要なのだと考えているのが今の日本人であり、彼らは「組織」という強いイデオロギーで引っ張られています。

私は東大を辞めるときに、組織というものの本質をはっきりと認識しました。私の正式ポジションは東京大学医学部解剖学第二講座担当教授というものですが、三月に辞めると四月からこのポストが空きます。大学では教師の椅子《いす》の数は七〇数個と決まっていますから、教授会では次にこの椅子を誰に与えるかを話し合うんです。だから、そこにもともと存在しているのは「椅子」であって、人である「私」ではないことになります。

ですから、時々まるっきりの冗談でもなく申し上げるのですが、日本の組織では、名刺には肩書きを大きく中央に置いて、自分の氏名をゴム印で横につけていったらどうでしょうか。人が代わっても、そのポジションは残るわけですから、次にそこに来た人が、同じ名刺にゴム印で氏名を押したほうが、ずっと実情と合っていて理にかなっていると思うのです。

そして、そのほうが、ポジションに左右されない、自分とは何か、ということを考えられる機会が多くなるように思います。私たちが組織のある座を占めているのは仮のことです。『方丈記』の川の如《ごと》くです。諸行無常の世界です。

最後に「戦後の日本」は何だったかと言うと、私は「急速な都市化の過程」であると定義します。高度管理社会だの民主主義だのといろいろな言われ方をしますが、私の目には、日本は要するに、まっしぐらに都市化した、と映ります。つまり世の中が意識化した、ということです。

これは「脳化」とも言えるのですが、人間は脳の世界、つまりはおとぎ話の世界をひたすら作ってきたんです。つまり人間の考えが及ぶものだけを作った。暑ければエアコンを入れ、寒ければヒーターをつける。今の皆さんには当たり前のことでしょうが、私の小さい頃はまだそんな時代ではありませんでしたから、暑ければ暑いし、寒ければ寒かったんです。

無量寿経《むりょうじゅきょう》には、古代インド人が思い描いた「極楽」が綿々と書かれていますが、そこには「極楽は暑さ寒さのないところ」とあります。古代インド人が考えた極楽を現代人は作ってしまいました。それは、私たちの頭の中の世界、考えの世界だ、ということなんです。その世界に住んでいる私たちにとって、生老病死が取り残されていくのは当たり前なんです。なぜなら、それは人間の考えの範囲には入らないからです。考えて病気になったり、年老いたりできる人間はいません。

今の社会は、外界の自然も、人間が本来もっている自然さえも、人間の意識が覆《くつがえ》ってしまった世の中と言えるのではないでしょうか。

あとがき

ゲラを読みながら、あちこちで、よくもいろいろしゃべったものだと思う。

誰も信じないかもしれないが、小さいときは、私は口をきかなかった。おかげで母親は私を知恵遅れだと思い、専門家のところに連れていき、知能検査を受けさせた。検査の問題が面白かったから、いまでもそのことを覚えている。

ひょっとすると、こういう話はいやみに聞こえるかもしれない。でも本当の話である。なぜ話さなかったかというなら、大人は子どもがものがわかっていないという前提で話しかける。幼いときから、それが気に入らなかったからであろう。幸田文さんの随筆を読めばわかる。子どもは多くのことを理解している。しかし表現ができないだけなのである。

講演にせよ、原稿を書くにせよ、私が考えを表現する専門家のようになったのは、こうした幼児体験がもとかもしれない。いまではそう思うようになった。

私が話したり、書いたりしていることは、だれでも考えるような、当たり前のことだ。先輩にそういわれたことがある。その先輩は、こう付け加えた。ただふつうの人は、そういう表現ができないのだよ。

そのとおりかもしれないと思う。私は哲学者でもなければ、ノーベル賞を貰《もら》うような科学者でもない。いわゆる創造性とは縁がない。同じ書くにしても、創作活動はしたことがない。それなら私とはなにかというなら、虫取りが好きなただの人であろう。ただの人が表現を探すと、私の話のようになる。そう思って、私の話を読んだり、聞いたりしていただければと、私自身は思っているのである。

もう一つ、ときにいわれることがある。子どもですな。よくいえば、子どもの心を残している、と。もう六五歳になる老人だから、どこが子どもかと思うが、思い当たる節がないでもない。捕虫網を持って歩いていたりすると、自分でも恥ずかしいことがある。歳《とし》を考えなさい。そういう声が聞こえるような気がする。

そういうところで恥をさらしているから、他のところでさらに恥をさらしても、それほど気にならないのかもしれない。だからいまでは、人前で話しをする。幼い頃の気持ちを思い出すと、よくも人前で話をしたりすることができるものだと思う。

さらにそれをまとめて本にする。これで白日社から二冊目だが、ゲラのままでしばらく置いておいた。話は本来そのとき限りで済んだはずのものである。それが活字になると、いつまでも残ってしまう。そこがなんだか気に入らない。「白日のもとに曝《さら》す」ということばがあるが、もしかすると、この社名の由来はそういうことかもしれない。できれば本人が忘れたいことを、こんなに残しやがって。そういう気持ちが多少ともあって、手元にゲラを置く時間が長引いた。そうしたら矢の催促である。とうとう時間切れで、また本にすることになった。『脳と自然と日本』の続きということになる。

この年齢なら、もう新しいことは考えられないであろう。新しいと本人は思ったにしても、そう思う脳自体が、もはや信用がおけるようなしろものではない。だいぶ傷《いた》んでいるはずである。

『手入れ文化と日本』について、私は最近よく話題にする。手入れが日本の思想だったと私は思うからである。丸山真男《まさお》氏の『日本の思想』には、「日本に思想はない」と書いてあった。思想が意識上だけのものなら、「思想はない」かもしれない。しかし昼飯をカレーにするか、ラーメンにするか、それを決める基準を思想と呼ぶなら、思想のない人はいないし、思想のない社会などない。その思想が「ああすれば、こうなる」という思想に変わったのが、日本の都市化である。そのなかで環境問題が生じ、少子化、教育問題が生じている。子どもも環境も、「ああすれば、こうなる」で済むものではない。それがわかっているから「手入れ」だった。この思想はかならず復活する。私はそう思っている。それが日常というものだからである。その意味で「思想がなかった」わが国は、幸福なのかもしれないのである。

養老孟司

二〇〇二年一〇月

初出一覧

子どもと現代社会

「現代社会と子ども」平成一一年度私立幼稚園中堅教員研修会(平成一一年九月二九日)、私立幼稚園中堅教員研修会講演録(平成一二年三月二九日発行)、財団法人東京都私立学校教育振興会研修研究部。

子育ての自転車操業

「子育ての自転車操業」第二八回教育展望セミナー(平成一一年八月三日)、『教育展望』平成一一年一一月号、財団法人教育調査研究所。

心とからだ

「心とからだ」北鎌倉女子学園教養講座(一九九七年一〇月六日)、『北鎌倉女子学園誌』三六号(一九九八年)、北鎌倉女子学園。

現代の学生を解剖する

「現代の学生を解剖する」日本私立大学協会　学生生活指導主務者研修会(平成一一年六月三〇日)、『教育学術新聞』平成一二年三月一日号－四月五日号、教育学術新聞社。

脳と表現

「脳と表現」日本女子大学教養特別講義2Dコース(一九九七年一二月一八日)、『女子大通信』一九九八年五月号、日本女子大学通信教育事務部。

手入れ文化と日本

「都市と宗教」医療と宗教を考える会(一九九八年一月二六日)、第一三四回講演録、医療と宗教を考える会事務局。

現代と共同体――田舎と都会

「現代と共同体――田舎と都会」曹洞宗総合研究センター設立記念オープンフォーラム「現代に問われる葬祭の意義」(一九九九年四月一三日)、『曹洞宗報』平成一一年一〇月号別冊付録、曹洞宗宗務庁。

日常生活の中の死の意味

「日常生活の中の死の意味」月刊パーセー新春教育講演会(一九九八年一月三一日)、『月刊パーセー』一九九八年三月号、パーセー実践哲学研究所。

この作品は平成十四年十一月『手入れ文化と日本』として白日社より刊行された。文庫化に際し改題した。

養老孟司著

かけがえのないもの

何事にも評価を求めるのはつまらない。何が起きるか分からないからこそ、人生は面白い。養老先生が一番言いたかったことを一冊に。

養老孟司著

養　老　訓

長生きすればいいってものではない。でも、年の取り甲斐は絶対にある。不機嫌な大人にならないための、笑って過ごす生き方の知恵。

養老孟司
隈　研　吾　著

日本人はどう住まうべきか？

大震災と津波、原発問題、高齢化と限界集落、地域格差……二十一世紀の日本人を幸せにする住まいのありかたを考える、贅沢対談集。

養老孟司
隈　研　吾　著

日本人はどう死ぬべきか？

人間は、いつか必ず死ぬ——。親しい人や自分の「死」とどのように向き合っていけばよいのか、知の巨人二人が縦横無尽に語り合う。

鳥飼玖美子著

歴史をかえた誤訳

原爆投下は、日本側のポツダム宣言をめぐるたった一語の誤訳が原因だった——。外交の舞台裏で、ねじ曲げられた数々の事実とは!?

阿川佐和子著

残るは食欲

季節外れのローストチキン。深夜に食すホヤ。とりあえずのビール……。食欲全開、今日も幸せ。食欲こそが人生だ。極上の食エッセイ。